婴幼儿托育、教育与保育精品教材

互联网+活页式理念新形态教材

婴幼儿

教育活动设计与指导

主审　魏亦军

主编　王美娜　罗明丽　董建军

镇　江

内 容 提 要

本书采用“项目—任务”的编写模式，系统阐述了婴幼儿教育活动设计与指导的相关知识和实操技能，旨在帮助学生掌握婴幼儿教育活动的设计与指导方法，为其以后科学地开展婴幼儿教育活动奠定基础。全书共分为 5 个项目，主要内容包括婴幼儿教育活动概述、婴幼儿教育活动设计与指导基础知识、0～6 月龄婴儿教育活动的设计与指导、7～18 月龄婴幼儿教育活动的设计与指导、19～36 月龄幼儿教育活动的设计与指导。

本书结构合理，内容全面，语言通俗易懂，体例丰富多样，集实用性和指导性于一体，可作为职业院校婴幼儿托育、教育与保育类专业学生的教材。

图书在版编目（CIP）数据

婴幼儿教育活动设计与指导 / 王美娜，罗明丽，董建军主编. -- 镇江 ：江苏大学出版社，2024.4

ISBN 978-7-5684-2098-3

Ⅰ. ①婴… Ⅱ. ①王… ②罗… ③董… Ⅲ. ①婴幼儿－早期教育 Ⅳ. ①G61

中国国家版本馆 CIP 数据核字(2023)第 243239 号

婴幼儿教育活动设计与指导
Ying-you'er Jiaoyu Huodong Sheji Yu Zhidao

主　　编 / 王美娜　罗明丽　董建军
责任编辑 / 吴小娟
出版发行 / 江苏大学出版社
地　　址 / 江苏省镇江市京口区学府路 301 号（邮编：212013）
电　　话 / 0511-84446464（传真）
网　　址 / http://press.ujs.edu.cn
排　　版 / 三河市悦鑫印务有限公司
印　　刷 / 三河市悦鑫印务有限公司
开　　本 / 787 mm×1 092 mm　1/16
印　　张 / 11
字　　数 / 260 千字
版　　次 / 2024 年 4 月第 1 版
印　　次 / 2024 年 4 月第 1 次印刷
书　　号 / ISBN 978-7-5684-2098-3
定　　价 / 39.80 元

如有印装质量问题请与本社营销部联系（电话：0511-84440882）

0～3 岁是个体生长发育的关键期，这一时期的教育和启蒙，将深深地影响人的终身发展。近年来，党和国家高度重视 0～3 岁婴幼儿的健康养育与教育，颁布了一系列指导文件。2021 年 3 月，十三届全国人大四次会议通过的《中华人民共和国国民经济和社会发展第十四个五年规划和 2035 年远景目标纲要》明确提出，发展普惠托育服务体系，健全支持婴幼儿照护服务和早期发展的政策体系，要推进婴幼儿照护服务专业化、规范化发展，提高保育保教质量和水平。2022 年 10 月，党的二十大报告在回顾总结新时代十年的伟大变革时提出“幼有所育”，并就今后民生事业发展作出“优化人口发展战略，建立生育支持政策体系，降低生育、养育、教育成本”的重要部署。2022 年 11 月，国家卫生健康委办公厅印发的《3 岁以下婴幼儿健康养育照护指南（试行）》强调，科学的养育照护和健康管理是促进婴幼儿健康成长的重要保障。与此同时，家长的科学育儿理念也在不断提升，他们对 0～3 岁婴幼儿照护服务的重视程度日益增强，需求日益增加。

基于国家宏观的政策驱动和日益增长的市场需求，我们组织了一批幼儿保育、早期教育、婴幼儿托育服务与管理专业的一线教师，同早教机构、托育机构等单位合作，编写了婴幼儿托育、教育与保育系列精品教材。《婴幼儿教育活动设计与指导》是婴幼儿托育、教育与保育系列精品教材之一。本书旨在让学生掌握各年龄阶段婴幼儿的身心发展特点，在尊重婴幼儿个体差异的基础上，为婴幼儿设计适宜的早教活动，并结合婴幼儿的表现给予科学指导，从而促进婴幼儿动作、认知、语言、情绪情感与社会性等方面的发展。本书在编写时力求做到内容全面、通俗易懂，突出指导性和可操作性，以促进学生对相关知识的理解与掌握。

具体来讲，本书具有以下几个方面的特点。

一、立德树人，培育素养

党的二十大报告指出：“育人的根本在于立德。”本书积极贯彻党的二十大精神，落实立德树人的根本任务，以培养学生正确的世界观、人生观和价值观为己任，在“筑梦灯塔”模块，选用了数个早教行业榜样人物的真实案例，将职业道德、职业素养、创新精神等素质教育元素融入教材中，力求把学生培养成为德才兼备、全面发展的人才。

二、校企合作，协同育人

本书由多名幼儿保育、早期教育、婴幼儿托育服务与管理专业的一线教师执笔，在众多早教机构、托育机构等专职人员的指导与支持下编写而成，无论是正文内容的安排，还是体例的设计，均充分考虑幼儿保育、早期教育、婴幼儿托育服务与管理专业的教学要求及托育机构的岗位需求，力求突出内容的实用性和专业性，提升教材的职业属性，从而促使学生真正做到学以致用。

三、全新理念，全新形态

本书切实践行了“以学生为主体，以教师为主导，以能力为根本”的全新教学理念，按照“必需、够用、兼顾发展”的原则组织相关知识点和技能点，避免理论知识过于艰深。

本书采用“项目—任务”式的编写模式，每个项目均设置了“项目导读”“学习目标”“幼有所育”“躬体力行”“筑梦灯塔”“项目综合训练”等模块，既能激发学生的学习兴趣，又能帮助教师丰富课堂教学形式。具体来讲，每个模块的内容安排如下：

- **项目导读：**用简明扼要的语言点明项目的主题，帮助学生快速了解每个项目的主要内容。
- **学习目标：**从知识、技能、素质 3 个维度提出了学习每个项目应达到的目标，使学生以成果为导向开展学习。
- **幼有所育：**以生活中的真实案例导入，并围绕案例设置了与正文知识点相关的问题，在激发学生学习兴趣的同时，让学生带着问题去学习。
- **知识讲解：**本部分为教材的主体。其中，理论知识严格按照《托育机构保育指导大纲（试行）》《0 岁～6 岁儿童发育行为评估量表》提出的关于婴幼儿在动作、认知、语言、情绪情感与社会性等方面的发展要求和水平进行编写，具有较强的指导性。同时，正文中还穿插设置了“知识拓展”“实例分析”“课堂互动”“小贴士”等体例，不仅能够活跃课堂气氛，还能够拓宽学生的知识面，加深学生对所学知识的理解。此外，为了帮助学生更快、更好地理解理论知识，提升教材的趣味性和可读性，正文中配有大量精美的图片，如玩具的使用方法图、婴幼儿的动作姿势图等。
- **躬体力行：**设置了丰富多样的校内外实践活动，如动手制作玩具、早教机构助教体验活动、制作主题宣传片等，使学生能够将理论知识与实践应用相结合，真正做到学以致用。

❖ **筑梦灯塔**：选取一系列婴幼儿教育相关从业人员的真实故事，引导学生体会故事中的人物所具备的创新精神、奋斗精神等优良品质，使学生在潜移默化中提高职业道德修养。

❖ **项目综合训练**：设置选择题、判断题和简答题 3 种题型，旨在通过不同类型的练习，帮助学生检查学习效果、巩固所学知识。

四、配套资源，立体教学

本书融入了“互联网+”思维，与集教学管理、教学支撑于一体的文旌综合教育平台“文旌课堂”开展了深度合作。学生可以登录该平台查看或下载本书的配套资源，也可以借助该平台阅读课外资源、进行线上练习、参加考试等。师生在教与学的过程中有任何疑问，都可以登录该平台寻求帮助。

此外，本书还提供了在线题库，支持“教学作业，一键发布”，教师只需通过微信或“文旌课堂”App 扫描扉页二维码，即可迅速选题、一键发布、智能批改，并查看学生的作业分析报告，提高教学效率，增强教学体验。学生可在线完成作业，巩固所学知识，提高学习效率。

本书由魏亦军担任主审，王美娜、罗明丽、董建军担任主编，杨欢、任欢、王琳、刘毅、刘宇、郭亚杰、周格担任副主编。在编写过程中，我们参考了大量资料并引用了部分文章和图片。这些引用的资料大部分已获原作者授权，但由于部分资料来自网络，我们未能确认出处，也暂时无法联系到原作者。对此，我们深表歉意，并欢迎原作者随时与我们联系，我们将按规定支付酬劳。此外，本书没有注明资料来源的案例均为编者自编或根据真实事件改编。由于编者水平有限，书中难免存在疏漏或不当之处，敬请广大读者批评指正。

本书配套资源下载网址和联系方式

网址：https://www.wenjingketang.com
电话：4001179835
邮箱：book@wenjingketang.com

目录
CONTENTS

项目一

婴幼儿教育活动概述

项目导读

0～3 岁是婴幼儿动作、认知、语言、情绪情感与社会性发展的关键期。通过开展教育活动，可以有效地促进婴幼儿的全面发展，为婴幼儿的健康成长奠定良好的基础。

本项目重点介绍了婴幼儿教育活动的相关概念、特点、类型和意义，旨在让学生全面了解婴幼儿教育活动的基础知识。

学习目标

知识目标：

- 了解婴幼儿教育活动的相关概念和特点。
- 明确婴幼儿教育活动的类型和意义。

技能目标：

- 能够对婴幼儿开展的教育活动进行正确的分类。
- 能够为家长讲解婴幼儿参加教育活动的意义。

素质目标：

- 树立科学的育儿观，为将来从事早教工作做好准备。
- 培养良好的职业道德和职业修养。

任务一 了解婴幼儿教育活动的相关概念和特点

贝贝已经2岁了，但其动作协调性和语言发展水平都不如邻居家同岁的明明。当得知明明在1岁时就去早教机构上各种各样的早教课后，贝贝妈妈陷入了沉思。一方面，贝贝妈妈担心不送贝贝去早教机构会影响贝贝的发展，导致贝贝输在起跑线上；另一方面，贝贝妈妈担心送贝贝去早教机构是在剥夺孩子的自由，甚至导致拔苗助长。

问题与思考：假如你是一名早教老师，面对贝贝妈妈的担心，你会如何解答？

一、婴幼儿教育活动的相关概念

（一）婴幼儿

婴幼儿通常指0～3岁的儿童。0～3岁是个体生长发育最为迅速的时期，这一时期又可划分为3个阶段，即新生儿期、婴儿期和幼儿期。其中，新生儿期指0～28天；婴儿期指28天至1岁；幼儿期指1～3岁。

（二）婴幼儿教育活动

婴幼儿教育活动是指教养人（通常指早教老师或家长）根据0～3岁婴幼儿的生理和心理发展特点和规律，带领婴幼儿开展的有目的、有计划的教育活动，以促进婴幼儿动作、认知、语言、情绪情感与社会性等多个方面的发展。

二、婴幼儿教育活动的特点

0～3岁是人脑可塑性较强、发展最迅速的时期，也是身心各方面发展的最佳时期。因此，适合0～3岁婴幼儿的教育活动不同于其他年龄段儿童的教育活动。教养人只有掌握了0～3岁婴幼儿教育活动的特点，才能设计出适合婴幼儿的教育活动，才能更好地把握教育活动的实施进程。总体来说，0～3岁婴幼儿教育活动的特点主要包括以下两个方面。

（一）活动内容全面化

活动内容全面化是指婴幼儿教育活动的内容应注重各领域之间的融合，不要有所偏颇，以此促进婴幼儿动作、认知、语言、情绪情感与社会性等多方面的发展。例如，在开展绘画教育活动时，不能只注重幼儿审美能力、绘画技巧的培养，还要考虑对幼儿的动作、认知、语言、社会性等其他方面的培养。

实例分析

活动内容多样化，以促进幼儿全面发展

浩浩很喜欢搭积木，几乎每次开展自由活动时，他都会去建构区搭积木，很少去其他区域玩耍。对此，宋老师以搭积木为主题，在发展动作能力的基础上，配合认知、社会性等能力的发展，丰富了活动内容。例如，浩浩在搭积木时，宋老师会引导他识别积木的形状和色彩，发展其认知能力；会引导他与其他小朋友一起搭积木，发展其合作、分享等社会性行为；等等。

分析

上述案例中，宋老师以浩浩的兴趣为出发点，在积木游戏中融合了多个领域的教育，从而促进了浩浩的全面发展。

（二）活动主体多元化

活动主体多元化是指婴幼儿教育活动的参与者有早教老师、家长和婴幼儿，他们之间是相互协作、相互配合、互为主体的关系，各自有着不可替代的作用和地位。

1. 活动过程中婴幼儿的主体地位

婴幼儿的主体地位主要体现在，婴幼儿在活动过程中总是以自己喜欢的方式去使用教养人为其提供的材料或创设的环境，而不是按照教养人的要求参与活动。

例如，为了锻炼婴幼儿的手眼协调能力和手指的灵活性，早教老师为婴幼儿提供了糖果和玻璃碗，希望婴幼儿将糖果放入碗中。但是在活动过程中，婴幼儿可能并不会遵从早教老师的意愿，而是按照自己喜欢的方式将糖果扔在地上或放进嘴里。遇到这种情况，早教老师不要强迫婴幼儿必须将糖果放入碗中，而是尊重婴幼儿的自发行为，让婴幼儿按照自己的意愿开展活动。

2. 个别化指导时家长的主体地位

早教老师作为专业的教养人员，拥有较全面、丰富的教养知识和技能，但这些知识和技能是普适性的。当面对发展速度不同、情感需求不同的婴幼儿，早教老师可能难以在第

家长如何在个别化指导时发挥自己的主体地位

一时间给出有效的指导建议。然而，家长对自己孩子的发展需求、情感表达，以及他们能做什么、不能做什么最了解。所以，在开展教育活动时，家长要及时向早教老师反馈自己孩子的具体情况，以便早教老师给予有针对性的指导建议。

3. 活动方案制订时早教老师的主体地位

在婴幼儿教育活动中，早教老师作为活动的设计者、观察者和评价者，需要有目的、有计划地制订活动目标、安排活动内容、准备活动材料、创设活动环境、指导活动进程。因此，早教老师的主体地位是不可否认的。

躬体力行

走访早教机构

随着生活水平的提高和科学育儿理念的不断提升，许多家长开始重视孩子的早期教育，生怕孩子输在起跑线上。但是，也有人提出早期教育是一种超前教育，会扼杀孩子的天性和创造力。面对不同的声音，我们该如何看待早期教育呢？早期教育到底教育的是什么呢？为了解决这个问题，请全班同学以小组为单位，实地走访当地的早教机构，深入了解早教机构的教育宗旨、教育内容和教育效果，以及家长对早期教育的看法。

（1）将全班同学分成若干小组，每组 3～4 人，并选出一名组长。各组选择一所早教机构，并与负责人提前沟通，确定好走访时间、地点及其他相关事宜。

（2）各组成员进行讨论，明确走访的目的，安排走访的任务，做好走访前的准备工作，并将具体的任务安排填写在表 1-1 中。

表 1-1　走访任务安排表

<table>
<tr><td>组长</td><td></td><td>组员</td><td></td></tr>
<tr><td>走访的时间、地点</td><td colspan="3"></td></tr>
<tr><td>走访的目的</td><td colspan="3"></td></tr>
</table>

续表

走访的具体任务	（负责人）	（具体任务描述：如采访机构创始人，明确早教机构的教育宗旨等；采访早教老师并观摩早教课，明确早教机构的班级安排、课程设计、授课内容等；采访婴幼儿家长，了解他们对早期教育的看法、对早教课效果的评价等；采访或观察婴幼儿，了解他们对早教课的喜爱程度等）
走访前的准备	（各组成员根据不同的任务进行准备，如采访不同的人员需要提前准备不同的问题、租借录音或拍摄设备等）	

（3）各组按照约定时间到达早教机构，开展走访任务。走访前，各组组长提前与机构人员沟通好人员采访和教学观摩的时间，并重新进行任务分工。例如，进行人员采访时，1 名同学负责提问，1～2 名同学做好文字记录，1 名同学录制采访视频（应提前征得被采访者的同意）。进行教学观摩时，各成员应边观察边记录早教机构针对不同月龄段婴幼儿开展的教育活动类型、早教老师开展教育活动的方法、家长和婴幼儿在教育活动中的行为表现等。在征得早教机构负责人和婴幼儿家长的同意后，要拍摄早教课的全过程。

（4）走访结束后，各组对走访过程中形成的文字资料和视频资料进行整理，然后填写表 1-2。

表 1-2　走访记录总结表

项目	内容
早教机构的教育宗旨	
早教机构的课程安排及课程内容	（不同月龄段婴幼儿的课程安排及课程内容）
家长对早期教育的看法	
家长对早教课效果的评价	
婴幼儿对早教课的喜爱程度	

（5）各组采取自评、小组互评和教师评价相结合的方式，对活动的实施情况进行评价，并填写表 1-3。

表 1-3　活动实施评价表

评价标准	分值	评价得分		
		自评	互评	师评
按照分配的任务，提前做好走访前的准备工作	10			
访谈问题设计合理，紧扣访谈主题	20			
采访时能准确、恰当地进行提问，能很好地引导采访对象回答问题；记录人员能做好记录工作	20			
文字记录、视频拍摄的内容有价值，有助于后期分析和总结	20			
能对走访时所获得的资料进行整理与分析，对问题的总结全面、恰当	30			

任务二　明确婴幼儿教育活动的类型和意义

幼有所育

朵朵外婆是一个闲不住的人，经常抱着 1 岁的外孙女到楼下遛弯。一天，她在遛弯时碰见邻居带着女儿（与朵朵同龄）去早教机构参加活动，她对此非常惊讶。朵朵外婆认为这么小的孩子学不到什么东西，没有必要花钱送孩子去学习。

最近，朵朵外婆惊奇地发现，邻居家的孩子不用大人牵着，已经能够独自行走了。她立马迎上去询问："你是如何教你女儿学习走路的呀？"邻居说："这都是在早教机构学的，那里的老师根据我家孩子的发展水平，专门为她设计了一些练习行走的游戏，孩子在玩耍的过程中慢慢就学会走路了。"朵朵外婆听了邻居的话后陷入了沉思，回到家后便和朵朵的爸爸妈妈商量是否送朵朵去早教机构学习。

问题与思考：你认为朵朵有必要去早教机构学习吗？为什么？

一、婴幼儿教育活动的类型

（一）按活动领域分类

婴幼儿教育活动可以划分为动作、认知、语言、情绪情感与社会性 4 个领域，各领域之间的内容是相互渗透的，能够从不同的角度促进婴幼儿多方面的发展。

1．动作活动

动作活动是指顺应婴幼儿身体的自然发育状态，可以促进婴幼儿粗大动作和精细动作发展的活动。

粗大动作是指个体身体躯干和四肢的动作，包括由头颈部肌肉群、躯干部肌肉群和四肢肌肉群所参与控制的基本姿势和位移动作。婴幼儿的粗大动作具体表现为抬头（见图 1-1）、翻身、坐、爬、站、走、跑、跳、投掷、攀登等。

精细动作是指个体以手及手指等部位的小肌肉或小肌肉群为主导完成的动作，需要由感知觉、注意等心理活动的配合来完成。婴幼儿的精细动作具体表现为抓握、捏、搭、穿插、撕、拧、画、折、夹、剪等。例如，幼儿玩穿插套圈玩具就是在锻炼精细动作，如

图 1-2 所示。

图 1-1 抬头

图 1-2 幼儿穿插套圈玩具

2．认知活动

认知活动是指教养人通过提供活动材料、创设活动环境等方式，给予婴幼儿丰富的感官刺激，发展其感知觉、注意、记忆、思维和想象的活动。通过开展认知活动，可以促进婴幼儿认知能力的发展，为其终身学习打下坚实的基础。

3．语言活动

语言活动是指以培养婴幼儿语言能力为目的的一种活动。通过开展语言活动，能够提高婴幼儿的倾听能力、语言理解能力、口语表达能力、阅读能力等。

4．情绪情感与社会性活动

情绪情感活动是指个体对客观事物是否符合自身需要而产生的态度和行为反应的活动。通过开展情绪情感活动，能够丰富婴幼儿的情绪情感体验，培养婴幼儿正确地表达情绪情感的能力。

社会性活动是指具有社会交往性质的活动，如亲子交往活动、同伴交往活动、师幼交往活动等。通过开展社会性活动，能够提高婴幼儿的人际交往能力，促进婴幼儿社会性行为的发展。

（二）按组织形式分类

根据组织形式的不同，婴幼儿教育活动可分为个体活动和集体活动。

1．个体活动

个体活动是指由教养人根据个别婴幼儿的特殊需要安排的教育活动，或者是婴幼儿自主自发的活动。个体活动的最大特点是婴幼儿可以按照自己的兴趣、能力、需求去探索周围的世界，这不仅有利于婴幼儿创造性的发展，还有利于增加教养人对婴幼儿的了解，从而因材施教。

2．集体活动

集体活动是指早教老师按照既定的活动目标和活动内容，面向全体婴幼儿开展的有目的、有计划、有组织的活动形式。集体活动对婴幼儿的成长起到积极的作用，既能帮助教养人判断婴幼儿的身心发展水平，又能为婴幼儿的社会交往提供丰富的经验准备，还能改善家长的教养行为。

（三）按交往对象分类

根据交往对象的不同，婴幼儿教育活动可分为亲子活动和同伴活动。

1. 亲子活动

亲子活动是指由家长和婴幼儿共同参与的活动。在日常生活中，家长与婴幼儿进行的所有互动性活动，均可当作亲子活动，它不受时间、地点、内容、形式等限制，如家长和婴幼儿一起玩海洋球（见图 1-3）、家长教婴幼儿画画等。在早教机构中，亲子活动是由早教老师发起的，需要在特定的时间和场所内，在早教老师的带领和引导下开展的具有教育意义的活动。

亲子交往活动中家长所承担的角色

图 1-3 家长和婴幼儿一起玩海洋球

2. 同伴活动

同伴活动（见图 1-4）是指婴幼儿与同一年龄段的同伴之间开展的活动。在同伴活动中，婴幼儿会逐步学会协商、合作、分享等交往方式。因此，同伴活动可以提高婴幼儿的社会交往能力。

图 1-4 同伴活动

二、婴幼儿教育活动的意义

婴幼儿教育不仅与个人发展和家庭幸福息息相关，而且关系到民族的未来和国家的长远发展。因此，开展婴幼儿教育活动对婴幼儿个体、婴幼儿家庭，以及整个社会都具有重要意义。

（一）对个体的意义

1. 抓住发展敏感期，为婴幼儿的发展奠定基础

敏感期是个体的特定能力和行为发展的最佳时期。在这一时期，个体能够迅速习得某种知识、掌握某种技能，如果错过了敏感期，个体需要付出更多的努力。研究发现，0~3 岁是个体发展的敏感期。因此，教养人要把握好个体发展的敏感期，对婴幼儿进行有针对性的教育，这样才能达到事半功倍的效果。

知识拓展

0~3 岁婴幼儿身心发展的敏感期

科学研究表明，0~3 岁是婴幼儿身体、心理及各种能力发展的敏感期，表 1-4 是蒙台梭利对 0~3 岁婴幼儿身心发展敏感期的介绍。

表 1-4　0~3 岁婴幼儿身心发展的敏感期

敏感期	月龄/年龄	主要表现
光线敏感期	0~3 月龄	对明暗不同的地方感兴趣
味觉发育敏感期	4~7 月龄	嘴巴可以分辨出各种味道
口腔敏感期	4~12 月龄	喜欢用嘴巴去探索和感知物体，尤其喜欢吃手
手臂发育敏感期	6~12 月龄	喜欢扔东西、摇晃物品
大肌肉发育敏感期	1~2 岁	能够扶、站、行走
小肌肉发育敏感期	1.5~3 岁	学会翻书、能将线穿过扣眼等
语言敏感期	1.5~2.5 岁	开始学习说词语和简单的句子
对细微事物感兴趣的敏感期	1.5~3 岁	善于观察事物的细节，重复一些细小的动作，如捏起一片掉落的叶子不停地往花盆里插
自我意识敏感期	1.5~3 岁	区分我的和你的、我和你
对社会规范的敏感期	2.5~3 岁	喜欢结交朋友，喜欢参与群体活动，并且在与他人交往时能遵守规则

2. 能及时发现婴幼儿的先天生理缺陷，并进行及时干预

在开展教育活动的过程中，教养人能够及时发现婴幼儿存在的先天生理缺陷（如脑瘫、癫痫等）和表现出的特定的心理障碍和行为问题（如自闭），并进行及时干预，从而为婴幼儿的后续发展奠定良好的基础。例如，对于患有癫痫的婴幼儿来说，只要把握住治疗的黄金期，60%以上的癫痫患儿是可以做到完全控制发病，正常生活的。

（二）对家庭的意义

1. 促进亲子关系和谐发展

家庭是孩子的第一个课堂，父母是孩子的第一任老师。婴幼儿教育活动的开展离不开父母的共同参与，由父母带领婴幼儿共同完成的亲子活动在早期教育中起着举足轻重的作用。在开展教育活动时，家长和婴幼儿通过语言、手势、表情、动作等进行面对面互动，能够让婴幼儿深切地感受到父母的爱，从而增进亲子之间的感情，达到促进亲子关系和谐发展的目的。

2. 提高家长的科学育儿能力

在开展婴幼儿教育活动时，早教老师会向家长传授正确的育儿观念，展示科学的育儿方法，指导家长开展能够促进婴幼儿全面发展的教育活动。家长在早教老师的引领和指导下，能够了解不同阶段婴幼儿的身心发展特征和需求，学习科学、有效的教养方法，从而提升自身的育儿能力。

（三）对社会的意义

相关研究表明，婴幼儿早期教育活动对提高人口素质具有十分重要的作用，婴幼儿的发展直接关系到一个国家和民族的前途和命运。开展婴幼儿教育活动，不仅能够开发婴幼儿各方面的潜能，还能够规范婴幼儿的行为习惯，提高其各方面的素质，为其成为德、智、体、美、劳全面发展的优秀人才奠定良好的基础。可见，婴幼儿教育活动对社会的发展具有积极的影响。

“幼有善育，不负所‘托’”嘉年华活动

家长的教育观念不仅决定了他们教育子女的方法和态度，而且会影响婴幼儿的身心发展。为了引起家长对婴幼儿早期教育的重视，并向其科普相关知识，请同学们以小组为单位，以“幼有善育，不负所‘托’”为主题，按照以下步骤及要求开展一次嘉年华活动。

（1）全班同学利用网络、专业书籍等搜集相关资料，共同制订嘉年华活动方案。活

动方案包括婴幼儿家庭教养指导和婴幼儿教育活动体验两个部分。其中，婴幼儿家庭教养指导主要向家长介绍早期教育的重要性，提供适合在家庭中开展的教育活动及具体方法，以帮助家长树立科学的育儿观、掌握正确的育儿方式。婴幼儿教育活动体验主要是开展适合不同月龄段婴幼儿的教育活动，包括动作、认知、语言、情绪情感与社会性多个领域的活动。

（2）将全班同学平均分成两组，即家庭教养指导组和教育活动体验组，各组选出一名组长。家庭教养指导组的同学负责设计并制作宣传展板。展板要求图文并茂，内容科学、全面且实用，文字表述通俗易懂。教育活动体验组的同学负责设计适合不同月龄段婴幼儿的教育活动（涵盖动作、认知、语言、情绪情感与社会性多个领域，且不同月龄段在每个领域的活动不少于 2 个）。各组组长按照小组成员的意愿或特长进行任务分工，并将分工情况填入表 1-5 中。

表 1-5　任务分工情况表

___________组成员的姓名	任务分工

（3）各组成员按照分配的任务开展活动前的准备工作。组长负责统筹工作，如与其他组沟通相关事宜、跟踪本组成员的工作情况，并将工作内容、进度、完成情况记录下来（作为小组考核的标准之一）。

（4）所有工作准备完毕后，各组前往附近的游乐场或公园开展嘉年华活动，活动实施的具体步骤见表 1-6。

表 1-6　嘉年华活动实施步骤表

<table>
<tr><th>活动步骤</th><th>具体要求</th></tr>
<tr><td rowspan="2">布置活动现场</td><td>参与人员：</td></tr>
<tr><td>布置效果（以照片的形式呈现）：</td></tr>
</table>

续表

活动步骤	具体要求
开展嘉年华活动	家庭教养指导组的主要任务（由两名同学负责拍摄活动现场的照片和视频）： ① 为家长介绍展板上的内容，并解答家长提出的疑问； ② 现场访问（咨询家长看完展板后的收获、家长对早期教育的看法等）
	教育活动体验组的主要任务（由两名同学负责拍摄活动现场的照片和视频）： ① 为家长介绍教育活动开展的方法，并进行示范； ② 引导家长和婴幼儿开展活动，并在活动过程中及时指导
清理活动现场	（是否参与、参与的积极性）

（5）召开班会，大家一起总结本次活动中存在的问题，并互相分享自己参与本次活动的感受，或者说一说令自己印象深刻的事。

（6）各组采取自评、小组互评和教师评价相结合的方式，对活动的实施情况进行评价，并填写表 1-7。

表 1-7 活动实施评价表

评价标准	分值	评价得分		
		自评	互评	师评
具有较强的团队合作意识，组员配合良好，遇到问题能够积极探讨并提出解决方案	10			
能有效搜集与主题活动相关的资料，并能对搜集的资料进行分析整理	30			
家庭教养指导组设计的展板内容全面且具有可信度、图文并茂，能对家长起到引导作用； 教育活动体验组设计的游戏适合不同月龄段的婴幼儿，且安全性和可操作性较强	20			
家庭教养指导组能用通俗易懂的语言向家长介绍展板上的内容，能有针对性地解答家长的疑问； 教育活动体验组能详尽地介绍活动步骤，并在活动中对家长和婴幼儿进行正确指导	20			
活动结束后，能够主动打扫场地卫生，收拾活动道具和器材等	10			
在班会上，能够积极分享自己的感受，反思自己在活动中的不足	10			

筑梦灯塔

最美育婴师——张洪香

随着我国母婴市场规模的持续扩大和科学育儿观念的普及，越来越多的家庭会选择育婴师来帮助自己教养孩子。育婴师的主要工作是，运用现代教育观念对 0～3 岁婴幼儿进行生活照料和护理，运用科学的方法训练婴幼儿的动作、智力和社会行为。

张洪香是一名从事育婴工作已满八年的育婴师，自工作以来，她带过几十个孩子。无论带哪一个孩子，张洪香都竭尽所能。在跟宝宝相处的过程中，张洪香有两个身份，一个是教养人，另一个是宝宝的玩伴。作为教养人，当宝宝需要的时候，张洪香会第一时间做出回应，并用科学的方法满足宝宝的每一个需求。作为玩伴，张洪香会根据宝宝的月龄段和实际发育情况，为他们设计五大领域的教育活动和感统训练，并和他们一起做游戏。

张洪香不仅在工作中不断积累自己的实操技能，而且一直利用空闲时间学习更多的专业知识，不断更新、拓宽自己的知识面。张洪香买了许多育儿方面的书籍，她经常利用等车、坐车、吃饭、上厕所等碎片时间看这些书籍。每天晚上，她也会抽出 1 小时，通过网络学习与育儿相关的知识，如营养配餐、小儿推拿、婴幼儿早期教育活动等。为了检验自己的学习成果，她参加了各种考试，并取得了育婴师证、月嫂证、母婴护理证等多个证书。同时，她还参加了各类育婴师大赛和月嫂大赛，并获得了金牌育婴师、金牌月嫂等荣誉称号。

此外，张洪香深知与同行交流的重要性，她经常和工作多年的一线育婴师交流经验，也会帮助许多工作时间短、实践经验少的育婴师解决难题。为了让更多的孩子得到专业教养，张洪香萌生了建立育婴师团队的想法，她的这一想法也得到了许多育婴师朋友的大力支持。之后，张洪香与多位具有多年工作经验的育婴师共同创建了“天使之翼育儿团”。为了让团队长久、健康地发展，她们常常工作到凌晨两三点。张洪香表示，因为她所热爱的事业是阳光工程、希望工程、爱心工程，所以她要把自己全部的爱献给自己能够辐射到的每一个宝宝。

（资料来源：冯孔，《蓄力向上，致敬新时代“最美家政人”——张洪香》，新华网，2022 年 2 月 17 日）

项目综合训练

一、选择题

1.（　　）是个体生长发育最为迅速的时期。

A．0～1 岁　　B．0～3 岁
C．1～3 岁　　D．3～6 岁

2．早教老师在婴幼儿教育活动中扮演的角色不包括（　　）。

A．设计者　　B．观察者
C．评价者　　D．研究者

3．婴幼儿教育活动可以划分为动作、（　　）、语言、情绪情感与社会性 4 个领域。

A．健康　　B．认知
C．艺术　　D．科学

4．下列选项中，不属于精细动作的是（　　）。

A．抓握　　B．穿插
C．攀爬　　D．搭建

5．根据交往对象的不同，婴幼儿教育活动可以分为亲子活动和（　　）两大类。

A．同伴活动　　B．师幼活动
C．个体活动　　D．集体活动

二、判断题

1．婴儿期指 28 天至 1 岁。（　　）

2．婴幼儿教育活动是一种“无目的”的活动。（　　）

3．由于婴幼儿的年龄小，各方面的能力不存在差异。因此，早教老师应为所有婴幼儿设计同一种形式的教育活动。（　　）

4．开展社会性活动能够提高婴幼儿的人际交往能力。（　　）

5．根据组织形式的不同，婴幼儿教育活动可以分为个体活动和集体活动。（　　）

三、简答题

1．简述婴幼儿教育活动的特点。

2．简述开展婴幼儿教育活动对婴幼儿个体、家庭及社会的意义。

项目二

婴幼儿教育活动设计与指导基础知识

项目导读

随着人们对早期教育重要性的认识日益加深，婴幼儿接受早期教育的需求也变得越来越迫切。婴幼儿教育活动作为早期教育的实施手段，对于婴幼儿的发展具有独特的价值。明确如何设计适合婴幼儿的教育活动、如何指导婴幼儿开展教育活动是早期教育的重要任务。

本项目重点介绍了婴幼儿教育活动的设计理念、设计原则、设计思路及指导策略，旨在让学生学完本项目后既能为婴幼儿设计适宜的教育活动，又能运用恰当的方法指导婴幼儿开展教育活动。

学习目标

知识目标：

- 深入理解婴幼儿教育活动的设计理念、设计原则和设计思路。
- 掌握婴幼儿教育活动的指导策略。

技能目标：

- 能独立设计形式多样的婴幼儿教育活动。
- 能运用恰当的方法指导婴幼儿开展教育活动。

素质目标：

- 培养发散思维和创新意识，提高创新能力。
- 坚持知行合一，用实际行动诠释责任之心、仁爱之心。

任务一　熟悉婴幼儿教育活动的设计理论

幼有所育

欣欣是某早教机构的早教老师，她为班上 3 岁的小朋友们策划了一次“摘果子”的亲子活动。活动开展前，欣欣老师认真地清理了场地中可能引发危险的物品，并在场地内摆放了平衡木和挂满各种“果子”的果树。活动过程中，欣欣老师指导家长带领孩子走过平衡木到达果树旁，然后让小朋友们按照指令，跳起来去摘果树上的苹果、梨、桃子、柠檬等“果子”。活动结束后，欣欣老师给家长布置了课后作业——教孩子认识更多水果。

问题与思考：欣欣老师设计的教育活动遵循了哪些原则？在设计婴幼儿教育活动时，还应遵循哪些原则？

一、婴幼儿教育活动的设计原则

婴幼儿教育活动设计是教养人在尊重婴幼儿身心发展规律、充分了解婴幼儿现有水平和发展需求的基础上，创造性地对活动目标、活动形式、活动内容、实施策略等进行思考和构建的过程。婴幼儿教育活动的设计原则应包括以下几点。

（一）适宜性原则

适宜性原则是指教养人在制订活动目标、设计活动内容、创设活动环境及提供玩具等环节中，要尊重婴幼儿的年龄特点、发展水平和情感需求，同时要充分考虑婴幼儿的个体差异。

（1）制订的活动目标既要稍高于婴幼儿的现有发展水平，又要是婴幼儿经过一定努力后能够达到的。例如，教养人将 3 岁幼儿玩水的活动目标定为“了解物体的沉浮”，而该年龄段的幼儿在玩水过程中只会通过看、触摸知道水是无色的、流动的，还不能理解沉浮这种物理现象，因此该活动目标超出了 3 岁幼儿的认知水平，是不合理的。对此，教养人可根据 3 岁幼儿的认知水平将该活动目标改为“了解水的基本特性”“提高幼儿的触觉感知能力”等。

（2）在设计活动内容时，教养人既要综合考虑婴幼儿的群体发展水平，又要关注婴幼儿之间的差异性。以“穿珠子”活动为例，教养人可以引导发展稍快的婴幼儿用各种各样的珠子制作一条项链，引导发展稍慢的婴幼儿把线绳从一颗珠子的孔中穿过即可。

（3）在创设活动环境时，教养人需要营造一个能使婴幼儿感到安全、温馨且有趣的环境。只有处在这样的环境中，婴幼儿的主观能动性才能被激发，才能积极地参与到活动中去。例如，开展爬行活动时，教养人要为婴儿提供宽敞、明亮的场地，且尽量避免在场地内放置危险的物品，以确保婴儿能尽情地爬行。

（4）在提供玩具时，教养人应根据婴幼儿的发展水平和喜好，提供丰富多样的玩具，以激发婴幼儿的游戏兴趣和探究欲望，从而促进婴幼儿的全面发展。例如，为 1 岁的幼儿设计形状认知活动时，教养人要提供多种形状的积木，如圆形、正方形、长方形、三角形等，以发展幼儿的形状知觉能力。

（二）适度性原则

适度性原则是指教养人在设计教育活动时，要考虑婴幼儿的身心承受能力，适度、适量地安排活动内容和活动时间。

由于婴幼儿的各项生理机能还未发育完善，短时间内接受外部的刺激量有限，活动时间过长或活动量过大都容易使婴幼儿感到疲劳。因此，在设计教育活动时，教养人要注意把控活动量和活动时长，可以采用动静交替的方式适度、合理地进行衔接，即在活动量较大的活动后安排相对安静的活动，让婴幼儿得到适当休息；也可以采用集体活动与个体活动相结合的方式安排活动内容，即在集体活动中穿插一些自由、放松的个体活动，以缓解婴幼儿在集体活动中的疲惫。

在实际操作中，教养人要根据婴幼儿的具体情况适当调整活动内容和活动节奏，既要防止婴幼儿过度疲劳，又要注意运动量不足的问题；既要防止活动内容单一、形式单调，又要避免花样过多、任务过重的问题。

实例分析

2 岁幼儿半日活动方案

一、晨检接待（8:00～8:30）

早教老师接待每一位幼儿及家长。

二、自由活动（8:30～9:30）

早教老师带领幼儿及家长进入活动区，让幼儿根据自己的喜好选择玩具，以培养幼儿的自主性。

三、过渡环节（9:30～9:40）

早教老师或家长协助幼儿整理玩具，以及如厕、洗手、喝水。

四、集体活动（9:40～10:40）

1．趣味点名

活动目标：提高幼儿的社会交往能力和语言表达能力。

活动准备：各种精美的小礼物。

活动过程：① 早教老师安排幼儿围坐成一圈；② 早教老师开始点名，并提醒被点到名字的幼儿站起来转一圈，然后请幼儿用自己喜欢的方式有礼貌地向大家打招呼；③ 幼儿打完招呼后可领取一份精美的小礼物。

2．宝宝爱看书

活动目标：① 增强幼儿的阅读兴趣；② 让幼儿学会从前往后一页一页地翻书。

活动准备：幼儿图书。

活动过程：① 早教老师给每位幼儿发放一本图书；② 早教老师引导幼儿观看图书封面，并向幼儿介绍图书封面的内容，以激发幼儿的阅读兴趣；③ 早教老师示范翻书的手部动作，并引导幼儿模仿；④ 早教老师边讲故事边引导幼儿学习一页一页地翻书。

五、过渡环节（10:40～11:00）

早教老师或家长协助幼儿如厕、洗手、喝牛奶、吃点心。

六、亲子活动（11:00～11:30）

活动名称：漂亮的项链

活动目标：锻炼幼儿的手部灵活性和手眼协调能力。

活动准备：五彩的珠子、彩色线。

活动过程：① 早教老师出示已经穿好的项链，激发幼儿动手穿珠子的兴趣；② 早教老师示范制作项链的方法并提出要求；③ 早教老师鼓励幼儿自己穿项链，家长可协助幼儿完成创作；④ 当幼儿穿好项链后，早教老师可展示幼儿的作品并进行适当评价（表扬、夸赞），使幼儿体会自己动手完成一件事情的自豪感，进一步激发他们动手的积极性。

分析

上述案例中，半日活动的安排符合教育活动设计的适度性原则，如自由活动、集体活动和亲子活动相结合，动静活动交替进行，中间还穿插了过渡性的休息环节。幼儿通过参加活动，既能够提高语言表达能力，又能够锻炼手部精细动作，还可以与家长、早教老师和同伴建立更加紧密的人际关系。

（三）安全性原则

由于婴幼儿的年龄较小，骨骼发育不健全，尚不具备自我保护意识和安全防范能力，他们在参加活动时容易遭受意外伤害。因此，教养人在设计教育活动时，要把婴幼儿的安全问题放在首位。首先，教养人应为婴幼儿提供一个安全、卫生的活动环境（见图 2-1），如活动场地无异味、场地内的插座要设置安全保护壳、危险物品要放置在婴幼儿触碰不到的位置等。其次，教养人应为婴幼儿提供无棱角、无毒无害、表面光滑、不易破损且重量轻的玩具，以免婴幼儿在活动中被划伤、碰伤或误食。

图 2-1 安全、卫生的活动环境

（四）趣味性原则

由于婴幼儿的行为往往受兴趣支配，而兴趣的产生主要来自周围环境的影响和刺激。因此，教养人在设计教育活动时，应注重活动的趣味性，以引起婴幼儿的兴趣，提高婴幼儿的主动性、积极性和求知欲，让婴幼儿在欢乐的氛围中，带着喜悦的心情全身心地投入到活动之中。例如，在“认识动物”活动中，教养人向婴幼儿展示一些独特的图片，如小动物的半个头、一只脚或一条尾巴，以此来增加活动的趣味性，引发婴幼儿根据小动物的局部特征来辨别它是什么动物的兴趣，调动他们参与活动的积极性，如图 2-2 所示。

图 2-2 “猜猜是谁的尾巴”教育活动

（五）延伸性原则

延伸性原则是指早教老师在设计教育活动时，需要考虑该活动能否延伸到其他场所，特别是家庭。因为一次教育活动的时间和内容是有限的，不能解决婴幼儿在发展过程中遇到的所有问题，也不能满足婴幼儿全方位的发展需求。所以，早教老师在设计教育活动时，要考虑活动是否可以向家庭延伸，以及如何向家庭延伸等问题。具体来讲，早教老师应尽可能地设计一些容易向家庭延伸的教育活动，并在活动结束后向家长介绍一些回到家后能够继续进行类似活动的方法，鼓励家长们举一反三。

“瓶盖配配对”教育活动

活动过程：

（1）早教老师出示任一类型的瓶子（带瓶盖），并对幼儿说：“小朋友们，你们看老师这里有什么？”以此引起幼儿的兴趣。

（2）早教老师为幼儿示范拧开（拧紧）瓶盖的动作：左手拿着瓶身，右手拇指和食指捏住瓶盖向右（向左）转动。

（3）早教老师给每位幼儿发放 3 个不同类型的瓶子，让他们用自己的方式拧开瓶盖。若幼儿手部力量不够，家长可先帮其拧得松一些，再让幼儿拧开。

（4）当幼儿把 3 个瓶子的瓶盖都拧开后，早教老师提示家长将瓶盖随机打乱，然后引导幼儿为每个瓶子找到对应的瓶盖，并将瓶盖拧紧。

活动延伸：

（1）家长寻找家中其他不同类型的带有瓶盖的瓶子，让幼儿尝试拧开与拧紧。

（2）家长为幼儿提供几种能够放进瓶中的物品（如糖果、花生、杏仁等），让幼儿把指定的物品分别放到指定的瓶子中，然后拧紧瓶盖。

分析

该教育活动无论是内容的设计，还是材料的供应，均可以较好地延伸至家庭。首先，拧瓶盖是一项基本的生活技能，完全可以在家庭中开展。其次，瓶子在生活中是很容易收集到的，这也为活动延伸至家庭提供了可能。

（六）生活化原则

生活化原则是指教育活动的设计要与婴幼儿的生活密切结合，活动既要源于婴幼儿的生活，又要为其生活服务。0～3 岁婴幼儿的学习活动大多是在日常生活中开展的，因此，在设计教育活动时，教养人要选择贴近婴幼儿生活的活动内容，创设充满生活气息的场景，使婴幼儿在熟悉的情景中获得动作、认知、语言、情绪情感与社会性等方面的发展。

例如，打电话是生活中较常见的行为，也是 2～3 岁幼儿乐意模仿的行为，如图 2-3 所示。因此，教养人可以为 2～3 岁的幼儿设计“打电话”的活动，模拟生活中打电话的情景，锻炼幼儿的语言表达能力。

图 2-3 幼儿模仿打电话

实例分析

教育活动——我的事情我来做

为了培养3岁幼儿的生活自理能力，李老师设计了一次名为“我的事情我来做”的教育活动。在活动中，李老师给每位幼儿提供了一个布娃娃，让他们练习给布娃娃穿衣服、穿鞋子和喂布娃娃吃饭。

分析

李老师设计的“我的事情我来做”教育活动遵循了生活化原则，活动内容与幼儿的生活密切相关，能够帮助幼儿掌握一些实用的生活技能，提高幼儿的生活自理能力，因此该活动极具教育意义。

二、婴幼儿教育活动的设计思路

婴幼儿教育活动设计思路包括确定活动目标、做好活动准备、设计活动过程等环节。

（一）确定活动目标

活动目标是指通过一次或多次教育活动所期望达到的效果，它在整个教育活动中起着指导作用。因此，活动目标制订得科学与否将直接影响活动的开展效果。

1. 活动目标的制订要求

（1）活动目标要具体

制订教育活动目标要避免泛泛而谈，应尽量具体、细化，且能够实施，这样才能真正发挥出活动目标应有的指导作用。例如，某教养人在为1岁半的幼儿设计“面团变变变”活动时，制订了以下活动目标：① 让幼儿知道捏、按、揉、搓等手部动作能够改变面团的形状；② 让幼儿理解面粉和面团的因果关系；③ 锻炼幼儿的手部精细动作。

实例分析

某早教机构的李老师在设计“还原拼图”教育活动时，制订了以下几条活动目标：① 提高婴幼儿的记忆力；② 培养婴幼儿的思维能力；③ 发展婴幼儿的想象力。

分析

以上教育活动目标的表述多指向人的基本素质，而人的基本素质是需要长时间的教育与影响才能形成。一次活动的开展很难让婴幼儿的基本素质发生明显的变化。因此，该活动目标的可操作性不强、指导性不足。

（2）活动目标要可达成

教育活动的目标是否能够达成，主要取决于目标的高度和数量。首先，活动目标不宜设定得过高，以符合婴幼儿的发展需求，且婴幼儿通过努力能够达到的目标为准。其次，活动目标的数量不宜过多，如果目标数量过多，很难保证所有的目标都能在一次活动中完成，这势必会影响活动目标的达成率。

（3）活动目标要有层次性

层次性是指教育活动目标应该涵盖婴幼儿发展的长期、中期和短期目标。具体来讲，教养人在制订活动目标时，可将婴幼儿与人交往的经验，婴幼儿对待人、物、事的态度，以及婴幼儿的学习能力等作为长期目标；将每个月龄段婴幼儿应该具备的生活技能，应该发展的动作、认知、语言、情绪情感与社会性等各方面能力作为中期目标；将每次活动中婴幼儿的具体情感、体验和所需掌握的基本知识、技能等作为短期目标。

2. 活动目标的表述要求

（1）活动目标表述的要素

活动目标表述包括行为、条件和标准 3 个基本要素：① 行为，即通过参加教育活动婴幼儿能够做什么，指向的是婴幼儿的行为变化，关注的是婴幼儿的行为结果，具有客观性、可操作性；② 条件，即婴幼儿的这些行为是在什么条件下产生的；③ 标准，即合格行为的最低标准。

例如，“画妈妈”的绘画活动目标是“通过观察妈妈的照片学会画妈妈的脸，并能画出脸的主要部位”。在该活动目标的表述中，行为要素是“学会画妈妈的脸”，条件是“通过观察妈妈的照片”，标准是“能画出脸的主要部位”。

（2）活动目标表述的形式

第一，按照教育活动中的行为主体进行表述。

因为婴幼儿教育活动的行为主体既有婴幼儿，也有教养人。因此，婴幼儿教育活动目标可从婴幼儿和教养人两个角度进行表述。

① 从婴幼儿的角度表述：指明婴幼儿在参加完该活动后能够得到的发展。通常用“能够……”“知道……”“学会……”“喜欢……”“愿意……”等短语表述。例如，知道苹果的外形特征和味道；能够按形状、颜色对物品进行分类；愿意将自己喜欢的物品分享给他人；等等。

② 从教养人的角度表述：指明教养人在活动中应该做什么或怎样做，通常用“鼓励……”“引导……”“激发……”“提高……”“培养……”等短语表述。例如，鼓励婴幼儿与同伴主动交往，提高其社会交往能力；培养婴幼儿的审美能力和艺术创作能力；激发婴幼儿用语言进行表达的欲望；等等。

第二，按照行为目标和生成性目标的方式进行表述。

① 行为目标：对具体的、可操作的行为加以陈述，指明教育活动结束后婴幼儿身上

所发生的行为变化。例如，将“小兔妹妹”的活动目标表述为“婴幼儿能够描述出兔子的外形特征，并能够说出兔子喜欢吃的食物”；将“狡猾的狐狸”的活动目标表述为“婴幼儿能够分辨出狐狸行为的对与错”。行为目标适用于能够获取某种基础知识和基本技能的目标。

② 生成性目标：随着活动的展开而自然生成的目标。例如，在开展“参观动物园”活动的过程中，教养人发现很多婴幼儿喜欢抚摸动物，于是在本次活动的目标中增加了“培养关爱动物的意识”的目标。生成性目标适用于培养情感态度类的目标。

（二）做好活动准备

活动准备是实施教育活动的前提，会影响婴幼儿参与活动的积极性、活动的进程和活动的实施效果。活动准备包括活动环境的创设和玩具的选择。

1. 活动环境的创设

活动环境包括物质环境和心理环境。物质环境是指婴幼儿开展活动所需要的物质条件，如活动空间、活动场地等；心理环境是指对婴幼儿发展产生影响的一切心理因素的总和，包括人际关系、活动氛围、教养人的教育观念与行为等。

首先，教养人在布置物质环境时，需要根据活动内容合理划分活动空间、布置活动场地。如果活动空间划分得不清晰，活动场地布置得千篇一律，可能会分散婴幼儿的注意力，削弱其参与活动的积极性。

不合理的活动环境

某早教机构将建构区与阅读区布置在了相邻的位置。一天，李老师组织孩子们自由活动时，天天将建构区的积木拿到了阅读区玩，并将积木弄得叮当响，影响到了正在阅读区看书的明明。于是，明明气冲冲地走到天天面前，二话不说，将天天的积木扔得到处都是。天天大哭。明明见状，开始去捡那些被自己扔掉的积木来哄天天，但有两块积木怎么找也找不到了。

分析

从上述案例可以看出，该早教机构为婴幼儿创设的活动区域没有清晰的界限，导致婴幼儿之间发生了一些不必要的冲突，从而影响了婴幼儿之间的和谐关系，并导致了玩具的丢失。为了减少上述情况的发生，该早教机构可以利用分隔物或玩具柜将各个活动区域分隔开来。

其次，教养人需要为婴幼儿提供一个能使他们感到安全、舒适、轻松、温馨的心理环境。只有在这样的环境中，婴幼儿才能拥有良好的心理状态，体会到活动的乐趣，激发参与活动的积极性和探索欲。

总的来说，物质环境和心理环境在婴幼儿教育活动的环境创设中具有同等重要的地位，且两者是相互联系、相辅相成、缺一不可的，它们的最终目的都是为了让婴幼儿在活动中玩得轻松、愉快。

2. 玩具的选择

婴幼儿的教育活动离不开玩具。选择适合婴幼儿的玩具尤为重要。随着社会对早期教育的重视，专门为婴幼儿设计和生产的玩具越来越多。在挑选婴幼儿玩具时，应注意以下3点。

（1）挑选符合婴幼儿发展水平的玩具

不同年龄段的婴幼儿，其身心发展特点不同，需要的玩具也是不一样的。

如何挑选适合 1～2 岁幼儿的玩具

① 0～1 岁的婴儿主要通过感知觉来认识周围环境。因此，教养人可以为该年龄段的婴儿提供一些能够促进其视觉、听觉、触觉、味觉、嗅觉发展的玩具，如色彩鲜艳的图片、能发出声音的玩具、不同质地的手抓球、不同气味的香料包等。

② 1～2 岁是幼儿动作、认知、语言等能力发展的关键期。因此，教养人可以为该年龄段的幼儿提供一些能够促进其动作发展、认知发展和语言发展的玩具，如小推车、积木、图画书、点读玩具等。

③ 2～3 岁的幼儿喜欢自己探索玩具的玩法。因此，教养人可以为该年龄段的幼儿提供一些稍微复杂且能够激发他们的主动性和创造性的玩具，如平衡木、滑滑梯、拼图板、蜡笔、画纸等。

课堂互动

聪聪虽然只有一岁半，但家里的乐高已经堆积如山了。因为聪聪的父母都是上班族，没有时间陪他，所以他们经常给聪聪买乐高来补偿他。可聪聪对这些乐高并不感兴趣，反倒是对家里的一些常见物品爱不释手，如遥控器、饮料瓶、纸盒、钥匙等。

思考：在日常生活中，除了遥控器、饮料瓶、纸盒、钥匙等物品外，还有哪些物品可以成为婴幼儿的玩具？

（2）挑选安全性高的玩具

由于婴幼儿难以感知环境中的潜在危险，教养人在挑选玩具时应该判断玩具是否会给婴幼儿带来威胁。通常，教养人不应选择小珠状、颗粒状或边角过于尖锐的玩具，避免婴幼儿在玩耍过程中误食或被刺伤，而应选择一些曲线曲面、无尖锐棱角的玩具。

（3）挑选结实耐用的玩具

玩具在婴幼儿手中主要是用来操作的，而不是用于观赏的。尤其是1岁前的婴儿，他们经常会把玩具放在嘴里啃咬或随手扔掉。因此，教养人给婴幼儿提供的玩具必须是结实耐用的。

小贴士

教养人应尽量避免选择过多作用单一的玩具，防止出现禁锢婴幼儿想象力和创造力的情况。

教养人可以和婴幼儿一起动手，将日常生活中的材料改造成有趣的玩具，如鸟屋、照相机等，图2-4所示的是用纸盒制作的照相机。这不仅有利于激发婴幼儿的创造力和想象力，还能增进教养人与婴幼儿之间的感情。

图2-4　纸盒制作的照相机

（三）设计活动过程

活动过程是由若干个环节构成的。在设计婴幼儿教育活动过程时，教养人需要充分考虑每个环节的内容、时间和形式，并确保各个环节有机衔接，以保证活动能够顺利开展。除此之外，在活动结束后，教养人需要进行总结和回顾，并对婴幼儿在活动过程中的表现进行评估，以此发现活动中的问题，并加以改进。通过不断优化活动方案，教养人可以为婴幼儿提供更有教育意义的

婴幼儿教育活动设计的注意事项

活动体验，从而促进婴幼儿的全面发展。

躬体力行

以“厉行节约，反对浪费”为主题设计教育活动

勤俭节约是中华民族的传统美德。勤俭节约的意识和行为习惯应当从小培养，从生活中的点滴小事抓起。请同学们以小组为单位，以“厉行节约，反对浪费”为主题，为 3 岁的幼儿设计至少 3 个教育活动方案。

（1）将全班同学分成若干小组，每组 4～6 人，并选出一名组长。各组根据本次活动的主题，利用网络、书籍、采访等途径，搜集表 2-1 中的相关资料。

表 2-1 资料搜集情况表

组长		组员	
搜集的内容	搜集的结果		
3 岁幼儿常见的浪费行为			
培养 3 岁幼儿勤俭节约意识和行为的方法			
3 岁幼儿节俭活动的优秀方案			

（2）各组对搜集的资料进行整理，讨论并确定本组的活动设计思路，然后设计活动方案，方案内容包括活动目标、活动形式、活动准备、活动过程等。各组组长将详细的教育活动方案填入表 2-2 中。

表 2-2 教育活动方案表

活动名称	活动类型 （动作、认知、语言、情绪情感与社会性）	活动方案

（3）各组选出一名代表汇报本组的活动方案（小组成员可补充发言），其他小组进行点评。汇报结束后，各组根据其他小组提出的意见调整方案。

（4）各组采取自评、小组互评和教师评价相结合的方式，对活动的实施情况进行评价，并填写表 2-3。

表 2-3 活动实施评价表

评价标准	分值	评价得分		
		自评	互评	师评
搜集的资料全面、准确，有参考价值	10			
能够客观、全面地分析搜集到的教育活动方案	10			
教育活动方案的目标合理、形式贴合主题，环境创设和玩具的选择适合 3 岁幼儿	25			
活动具有较强的可操作性和趣味性	20			

续表

评价标准	分值	评价得分		
		自评	互评	师评
汇报时口齿清晰、表达流畅；补充发言准确、到位	15			
具有较强的团队合作意识，组员配合良好，遇到问题能够积极探讨并提出解决方案	10			
能够恰当地评价其他小组的活动方案，提出的修改建议较为合理；能够根据其他小组成员的评价对方案进行优化与完善	10			

任务二　掌握婴幼儿教育活动的指导策略

幼有所育

某早教机构的张老师带领班上 3 岁左右的小朋友开展了一次“我是小小邮递员”的活动。活动场地中设有邮局、超市、医院、美容院、商场、写字楼等场所，邮局里摆放着称重器、收款二维码、打包盒、胶带、便签等物品。由于对邮递员的岗位职责并不了解，很多小朋友在活动中都无所事事。

张老师看到这种情况后，拿起一个盒子走到“邮递员”文文面前，并对她说：“我想把这个寄到超市去，你能帮我称一下重量吗？”文文接过盒子，放在称重器上，看了一下，说：“100 克！”张老师问：“多少钱？”文文答：“10 块钱。”张老师问文文怎么付钱，文文拿出收款二维码，说：“扫描。”张老师拿出手机假装扫码付了钱，文文立刻把盒子送到了隔壁的超市。接着，其他小朋友也学着张老师的样子把一些东西通过邮局寄到医院、美容院、商场、写字楼等地方，邮局一下子变得热闹了起来。

问题与思考：上述案例中，张老师是如何指导幼儿开展活动的？

一、婴幼儿教育活动的指导原则

在开展婴幼儿教育活动的过程中，教养人要顺应婴幼儿的年龄特点，遵循“多关注，少教育；多满足，少要求；多激励，少评价；多生成，少预设”的原则。

（一）多关注，少教育

“多关注，少教育”原则是指在婴幼儿教育活动中，教养人应该认真观察婴幼儿在活动中的行为表现，了解他们的潜在需求，并给予他们积极的支持和帮助。例如，在阅读活动中，教养人应通过观察婴幼儿的行为、提问等方式了解婴幼儿对图书内容的理解情况，并根据婴幼儿的反应提供帮助。

小贴士

相关研究表明，如果教养人能够密切关注婴幼儿的行为，并及时满足婴幼儿的合理需求，那么婴幼儿便容易对教养人产生依赖和信任的情感。而这种情感的出现，将有助于促进婴幼儿与教养人之间的感情。

（二）多满足，少要求

“多满足，少要求”原则是指在婴幼儿教育活动中，教养人不应强制要求他们按照特定的方式进行活动，而应允许并鼓励婴幼儿自主选择玩什么、怎么玩，并尽可能接纳他们不同的行为表现，同时给予必要的帮助和反馈。只有在满足婴幼儿需求和兴趣的基础上开展活动，才能提高他们参与活动的积极性，从而促进他们各方面能力的发展。

爬行活动

为了提高 10 月龄左右婴儿的手膝爬行能力，李老师在爬行垫上摆放了许多“障碍物”，引导婴儿爬过“障碍物”。大多数婴儿都能按照老师的指示手膝并用爬过“障碍物”。然而，轮到小米时，小米却手脚并用地向前爬行，虽然爬行的速度稍慢，但也成功地爬过“障碍物”，到达了垫子的另一端。

分析

在组织婴幼儿开展活动时，常常会出现婴幼儿开展活动的方式与早教老师预设的活动方式不一致的情况。上述案例中，大多数婴儿是按照李老师的指示完成了爬行活动，而小米却是按照自己的发展水平完成了爬行活动。对于这种情况，早教老师应该给予支持和鼓励。

（三）多激励，少评价

婴幼儿的行为具有非常大的随意性，他们常常会根据自己的突发奇想来操作玩具或其他物体。此时，教养人如果能适当地表达出对婴幼儿的赞扬与认可，则会提高婴幼儿的成就感，从而提升其参与活动的积极性。

例如，在角色扮演活动中，3 岁的浩浩扮演的是一名建筑工人。在“建造房子”时，他没有用往常喜欢用的长方形积木，而是用了弯曲的且柔软度较大的积木，还自言自语地说：“哈哈，我的房子不会被震倒啦！”刘老师听到后便问他：“浩浩，你建造的房子为什么不会被震倒呀？”浩浩说：“因为它会摆动。”刘老师听后表扬了浩浩的创造性思维。听到浩浩被表扬后，其他小朋友也开始对自己搭建的房子进行不同程度的创新改造。

（四）多生成，少预设

“多生成，少预设”的着手点

“多生成，少预设”原则是指在婴幼儿教育活动中，教养人应该根据婴幼儿的发展需要或兴趣点不断设计新的可以开展的活动。例如，刘老师发现用于装饰活动室门窗的装饰贴经常莫名其妙地出现在书架、黑板等地方，经观察，原来是小朋友在“捣乱”，他们通过抠、撕等方式帮助装饰贴“搬了家”。于是，刘老师在活动室的门窗上粘贴了许多动物、果蔬、人物等不同类型的装饰贴，并设计了“给动物找家”“给果蔬分类”“给人物找妈妈”等教育活动，以满足小朋友精细动作、认知能力的发展需求。

实例分析

早教老师的随机应变能力

一天，某早教机构的李老师在给小朋友们讲“狼来了”的故事，小朋友们都听得非常投入。忽然，一只小蜻蜓飞进了教室，两只灵活的小翅膀一个劲儿地扇动着，发出了“扑棱棱”的声音。这时，3 岁的明明用手指着小蜻蜓说：“看！小蜻蜓！”其他小朋友听到明明的话后纷纷看向小蜻蜓。李老师看小朋友们对小蜻蜓特别感兴趣，于是一边让他们观看小蜻蜓，一边给他们讲起了“小蜻蜓躲雨”的故事。

分析

由于婴幼儿的年龄较小，在活动过程中极易受到外界因素的影响，且他们的兴趣容易转移、注意力也容易分散。因此，在开展教育活动时，教养人绝不能拘泥于事先安排好的活动内容，而应根据婴幼儿当下的状态和兴趣及时调整活动内容，激发婴幼儿对教育活动的兴趣。

二、婴幼儿教育活动的介入指导

（一）婴幼儿教育活动介入指导的时机

教养人适时地介入婴幼儿教育活动可以帮助婴幼儿拓展教育活动的内容和层次，激发婴幼儿参与活动的兴趣及克服困难的勇气，有利于活动的有效开展。因此，教养人应把握好时机，在以下情况出现时进行介入指导。

1．当婴幼儿发出求助时

对于婴幼儿来说，教养人是他们相对信任的人，因此，当他们不知道该如何开展活动或遇到阻碍时，会主动向教养人发出求助。这时，为了推进教育活动的顺利进行，教养人应及时回应婴幼儿的求助。例如，在自主活动时，童童想玩“传声筒”游戏，但小伙伴都在玩沙子，没人理会她，于是童童向老师发起了求助，这时老师就要扮演童童的伙伴，与其一同开展游戏。

2．当婴幼儿在活动中无所事事或发生冲突时

在教育活动中，常常会出现婴幼儿无所事事、干扰其他婴幼儿游戏或婴幼儿之间发生争执等情况。这时，教养人要及时介入，不仅要给予他们技术指导，还要及时制止可能引发危险的不良行为，以使活动能够顺利进行下去。例如，当两名婴幼儿在玩滑滑梯的过程中因为争执而发生推搡时，教养人应立即出面制止，并利用玩具演示当时的情景，让婴幼儿意识到自己的行为可能会伤害他人，然后引导他们找到解决冲突的正确办法，进而使活动继续进行。

3．当婴幼儿遇到困难想放弃时

受经验或其他因素的制约，婴幼儿在教育活动中经常会遇到自己无法解决的困难，如拼图时无法找到正确的位置、不能将同类型的物品归类等。这时，教养人不应急于介入，而应给予他们一定的时间去探索解决困难的方法。但当发现婴幼儿的探索兴趣即将消失时，教养人应及时提供适当的指导，帮助婴幼儿克服困难并继续活动。这样做，既可以让婴幼儿获得更多解决困难的经验，也能够增加他们的自信心。

（二）婴幼儿教育活动介入指导的形式

婴幼儿教育活动指导中教养人的角色

1．交叉式介入法

交叉式介入法是指教养人通过扮演某个角色进入活动中，与婴幼儿进行互动，在互动中指导婴幼儿的一种介入形式，如图 2-5 所示。需要注意的是，在确保婴幼儿能自主将活动顺利开展下去时，教养人应及时退出活动。

例如，为了提高婴幼儿的动作发展水平和认知能力，王老师为小朋友举办了一次“拾食物喂动物”的教育活动。活动开始后，文文在活动场地内左看看右瞧瞧，显得很迷茫。王老师发现后，走到文文身边对她说：“文文，那边的小动物都饿了，我们拿些食物给它们吃，好吗？”文文点了点头。于是，王老师带着文文一起去喂小动物了。

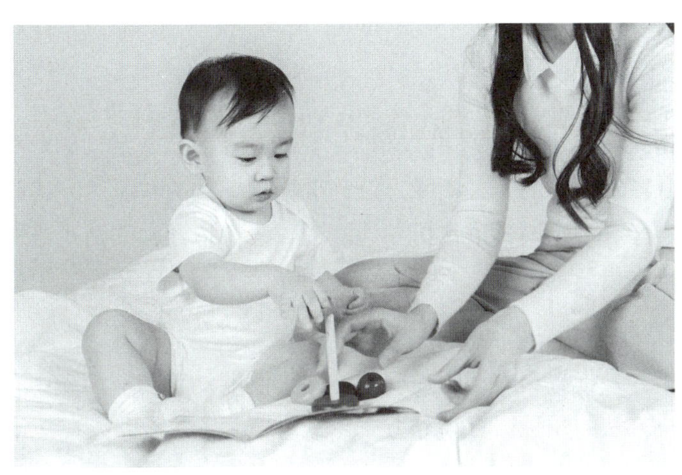

图 2-5　教养人指导婴幼儿将珠子穿过木棍

2. 平行式介入法

平行式介入法是指教养人在婴幼儿附近和婴幼儿开展相同或相似的活动，进而引导婴幼儿模仿其行为的一种介入形式，如图 2-6 所示。例如，天天在用积木搭“大高楼”时，他把小块积木放在下面，大块积木放上面，“大高楼”总是搭不高。岳老师发现这种情况后，便坐到他身旁，用另外一堆积木搭“大高楼”，一边搭一边说：“我把大块积木放在下面，小块积木放在上面，这样我的‘大高楼’就能搭高了。”天天看了一会儿，开始模仿岳老师的动作，把大块积木放在下面，不断往上搭小块积木。最后，终于完成了“大高楼”的搭建。

图 2-6　教养人在婴幼儿旁边搭积木

三、婴幼儿教育活动的指导方法

婴幼儿教育活动的顺利开展离不开教养人的指导。在教育活动中，教养人的指导方法有语言指导和非语言指导两种。这两种方法既可以单独使用，又可以结合使用。

（一）语言指导

语言指导是指教养人运用口头语言来指导婴幼儿开展教育活动的一种方法，它是活动指导中非常重要且经常使用的一种指导方法。根据指导目的和表达方式的不同，语言指导可分为询问式语言指导、建议式语言指导、澄清式语言指导、鼓励式语言指导、邀请式语言指导和指令式语言指导。

1. 询问式语言指导

询问式语言指导是指教养人运用提问的方式提醒婴幼儿当前活动中存在的问题，并引导婴幼儿思考解决方法的一种语言指导方式。一般情况下，教养人在运用询问式语言时应遵循先易后难的原则。

例如，当亮亮把动物玩具扔在地上时，教养人并没有马上让他捡起来，而是故作惊讶地说："咦，谁听见小动物的哭声了？小动物为什么会哭呢？"教养人巧妙地利用婴幼儿的同情心，让亮亮感觉到玩具与人一样，都需要被呵护，进而引导亮亮把玩具捡起来，并告诉他以后不要乱扔玩具。

2. 建议式语言指导

建议式语言指导是指教养人运用询问、陈述的方式向婴幼儿表明自己对活动中产生的问题的看法和主张，以此提示婴幼儿可以怎样解决问题的一种语言指导方式。该指导方式语气柔和，句末往往出现"吧""吗""啊""呢"等语气词，如"这样试试吧？""可不可以这样呢？"等。

建议式语言虽然暗含解决问题的方法，但并非强迫，即教养人没有通过动作直接帮助婴幼儿解决问题，也没有以不可抗拒的方式命令婴幼儿必须按照某一种方法解决问题，而是给出方案，让婴幼儿自主选择。例如，当发现婴幼儿用某一块积木搭建"房子"不成功想要放弃时，教养人可以拿出一块较合适的积木说："要不要换这块积木试试呢？"

3. 澄清式语言指导

澄清式语言指导是指当发现婴幼儿在活动中表现出一些不良行为时，教养人运用陈述、反问的方式来改变婴幼儿认知的一种语言指导方式。

例如，在"超市购物"活动中，扮演顾客的天天进入购物区后，拿起一样东西便开始吃。天天这样做是不对的，但从婴幼儿的视角来看，他们认为拿到手上的东西就是自己的，是可以吃的。发现这种情景后，教养人就可以用"天天，买东西需要付钱呀！付完钱之后才能吃哦”“天天，你和妈妈一起买东西时，妈妈是不是会先付钱呀？”等澄清式语言来引导天天，让他意识到自己的做法是不对的，从而帮助其规范自身的行为。

4. 鼓励式语言指导

鼓励式语言指导是指教养人运用鼓励、夸奖的话对婴幼儿在教育活动中的行为给予肯定和表扬的一种语言指导方式。运用鼓励式语言的目的是充分调动婴幼儿参与活动的主动性和积极性，激励他们把活动继续进行下去，或者把值得推崇的行为延续下去。

例如，在拼图活动中，当涵涵任意拿了一块积木却不知道该拼在哪儿时，教养人就可以说："涵涵真棒，拿了一块有眼睛的积木，再找找哪一块积木上也有眼睛呀，这样就可以把它们拼在一起了。"又如，在活动结束后，涵涵帮助天天收拾好玩具并将其放回了原处，这时教养人就可以说："涵涵，我看到你刚才帮助天天收拾了玩具，你真是个助人为乐的好孩子呀！"这种鼓励式语言能够增强涵涵帮助其他小朋友的动力，下次遇到同样的情况时，涵涵还会主动帮助他人。

5. 邀请式语言指导

邀请式语言指导是指教养人出于让婴幼儿积极参与活动的目的，邀请婴幼儿到某地做某事或共同参加某个活动的一种语言指导方式。运用邀请式语言指导可以促使不同性格、不同发展水平的婴幼儿共同参与活动。

例如，对于性格内向或者社会性发展水平较差的婴幼儿，他们不知道如何加入小伙伴的队伍中，或者在活动中往往处于配角地位。这时，教养人就可以运用邀请式语言让婴幼儿参与到活动中，体验活动的乐趣，如“你愿意和他们一起玩积木吗？”“我们一起去超市买东西吧！”“你可以帮我理发吗？”“你知道加油站在哪里吗？”等。

6. 指令式语言指导

指令式语言指导是指教养人通过命令制止婴幼儿在活动中做出违反规则或危险的举动的一种语言指导方式。指令式语言的运用能及时制止婴幼儿的不恰当行为，从而避免危险事件的发生，以保证活动安全、顺利地开展。

例如，当小朋友拿着玩具敲打其他小朋友的头部时，教养人可用“你不能这样做，赶紧停下来”“不可以用玩具打小朋友的头，这样会很疼的”等语言来制止这种危险的行为，同时要告知其如何与同伴友好相处、遇到问题应该如何解决等。

（二）非语言指导

非语言指导是指在婴幼儿教育活动中，教养人利用动作、表情、眼神等对婴幼儿的行为做出反馈的一种指导方法。非语言指导既能够帮助婴幼儿理解自身行为的合理性，又能够帮助婴幼儿直观地理解游戏的玩法。例如，当婴幼儿在活动中表现出创造性行为时，教养人可用点头、赞许的目光、欣喜的表情、拍手等表示肯定；当婴幼儿在活动中出现一些需要制止的行为时，教养人可用摆手、摇头、制止的眼神等表示否定。又如，当婴幼儿面对一些复杂的玩具，不知道该如何操作时，教养人可以简单地示范一下玩具的操作方法，让婴幼儿先模仿，之后再不断探索新的玩法。

早教机构助教体验活动

如今，越来越多的早教机构如雨后春笋般出现，许多婴幼儿家长已经意识到早教对孩子发展的重要性，并主动把孩子送到早教机构学习丰富多样的技能。请同学们以小组为单位开展助教体验活动，切身体验活动指导的重要性，为今后成为一名早教老师做好准备。

（1）将全班同学分成若干小组，每组 4～6 人。每组选择一所早教机构或托育机构，并与机构负责人沟通，确定助教活动的时间、地点及其他相关事宜。各组成员需要与带班老师进行深入沟通，了解课程设置，明确助教任务。如果涉及拍摄，还需要征得机构负责人、早教老师和婴幼儿家长的同意。

（2）各组按照约定时间到达早教机构，开展助教体验活动。活动结束后，填写表 2-4。

表 2-4　助教体验活动实施情况表

<table>
<tr><td>体验时间</td><td></td><td>体验地点</td><td></td></tr>
<tr><td>体验成员</td><td></td><td>任务分工</td><td></td></tr>
<tr><td>体验前的准备工作</td><td colspan="3">（提示：了解早教老师的工作职责、技能要求，准备活动所需工具，等等）</td></tr>
<tr><td rowspan="5">体验过程的记录</td><td>活动名称</td><td colspan="2"></td></tr>
<tr><td>活动内容</td><td colspan="2"></td></tr>
<tr><td>婴幼儿在活动中的行为</td><td colspan="2"></td></tr>
<tr><td>带班老师的行为</td><td colspan="2"></td></tr>
<tr><td>团队成员及自身的行为</td><td colspan="2"></td></tr>
</table>

续表

体验过程的记录	遇到的问题及解决方案，在此过程中自己做了什么	
带班老师的反馈		
体验后的感悟与收获		

（3）各组成员结合本次助教体验活动，撰写一份不少于 800 字的实践报告。

（4）各组采取自评、小组互评和教师评价相结合的方式，对活动的实施情况进行评价，并填写表 2-5。

表 2-5　活动实施评价表

评价标准	分值	评价得分		
		自评	互评	师评
与机构负责人、早教老师、婴幼儿家长沟通顺利，能够获得早教老师的认可	10			
对早教老师的工作职责、技能要求有明确的认知	20			
活动前准备充分，有助于活动的顺利开展	20			
当助教时，能够很好地配合早教老师开展教育活动，并能够在活动中适时指导婴幼儿	30			
实践报告能够体现自己的感悟与收获，以及今后努力的方向	20			

倾情奉献自我，大爱呵护童年

张智发毕业于河北省邯郸学院，从 2015 年 8 月底参加工作至今，一直在内蒙古自治区鄂尔多斯市康巴什区的早期教育指导中心担任早教老师。进入早教中心后，他工作积极主动、充满活力，连续两年被评为“优秀教师”。

在工作中，张智发老师喜欢称自己为“小智老师”，他认为这样的称呼听起来年轻、有活力。对待工作，张智发满怀责任与热爱，每次在活动前，他会认真备课，精心准备活动道具，仔细布置活动场地；在活动中，他会以最好的精神面貌面对婴幼儿和家长，尽全力调动婴幼儿和家长参与活动的积极性，让他们愉快地度过活动时光；在活动后，他会以“育儿笔记”的方式总结问题、记录感受。虽然一天的活动会让他感到疲惫，但是从活动中获得的成就感又会点燃他内心的激情，让他充满活力。

作为一名青年早教老师，“阳光、自信、洒脱”是张智发的代名词，“关爱、奉献、呵护”是他的名片。在教育活动中，他对待孩子温柔耐心，始终以确保孩子安全、带给孩子快乐为教育宗旨；在教育活动外，他会站在家长的角度思考问题，并尽自己最大的努力为家长提供周到的服务。即使孩子们从早教中心毕业了，他也会关心孩子们的现状，时常和孩子们语音、视频聊天，很多孩子上了幼儿园以后也经常念叨“小智老师”，周末还会和爸爸妈妈再次回到早教中心找小智老师玩。自参加工作以来，张智发以友善亲和、勤恳向上的工作态度，赢得了许多家长的认可、婴幼儿的喜爱和同事的尊重。每次学期末，在家长和同事的民主测评中，张智发的分数总是第一。

在成为“早教人”的那一天，张智发就担负起了关爱儿童、深耕教育的使命。在进入早教中心工作之后，他一直为人谦虚、待人热情、立足本职、甘于贡献，他以振奋的精神、昂扬的斗志、务实的作风，坚守着自己的承诺，呵护着每一个婴幼儿的童年，用自己的实际行动诠释了伟大的早教精神。

（资料来源：佚名，《“讲师德，铸师魂”早教最美教师张智发先进事迹》，鄂尔多斯早期教育指导中心，2019 年 6 月 3 日）

项目综合训练

一、选择题

1. 下列选项中，不属于婴幼儿教育活动设计原则的是（　　）。

A．适宜性原则　　B．安全性原则

C．趣味性原则　　D．超前性原则

2. 周老师在制订婴幼儿教育活动目标时，既遵循了《托育机构保育大纲（试行）》总目标的要求，又考虑了婴幼儿的年龄特点和发展水平。这体现了婴幼儿教育活动目标制订要遵循（　　）原则。

A．适宜性　　B．安全性

C．适度性　　D．生活化

3．为婴幼儿挑选玩具的要求是（　　）。

A．只要婴幼儿喜欢，不必考虑是否满足婴幼儿的发展水平

B．种类越多越好

C．要符合安全、卫生的要求

D．造型一定要美观

4．教养人通过扮演某个角色进入活动中，与婴幼儿进行互动，这种介入指导方式属于（　　）。

A．合作式介入　　B．交叉式介入

C．平行式介入　　D．垂直式介入

5．在开展搭积木活动时，李老师看见天天抢夺明明的积木，并用手打明明后，立即走到天天面前对他说："你不能这样做，赶紧停下来。"李老师的指导方式属于（　　）。

A．建议式语言指导　　B．指令式语言指导

C．鼓励式语言指导　　D．邀请式语言指导

二、判断题

1．开展婴幼儿教育活动时，教养人应强制要求婴幼儿按照特定的方式进行活动。（　　）

2．教养人在设计教育活动时，要把婴幼儿的安全问题放在首位。（　　）

3．在设计活动内容时，教养人既要综合考虑婴幼儿的群体发展水平，又要关注婴幼儿之间的差异性。（　　）

4．婴幼儿教育活动的环境创设即物质环境创设。（　　）

5．在婴幼儿开展活动的过程中，教养人可以根据婴幼儿的发展需要或兴趣点设计新的活动。（　　）

三、简答题

1．什么是适度性原则？教养人在设计教育活动时应如何把握这一原则？

2．简述制订婴幼儿教育活动目标的要求。

3．简述早教老师介入婴幼儿教育活动的时机。

项目三

0～6 月龄婴儿教育活动的设计与指导

项目导读

0～6 月龄的婴儿身心发展迅速且变化巨大，只有全面了解该月龄段婴儿的身心发展特点和发展需求，才能设计出符合该月龄段婴儿的教育活动，并进行有针对性的指导。

本项目详细介绍了 0～3 月龄、4～6 月龄婴儿的身心发展特点，并分别列举了能够促进 0～3 月龄、4～6 月龄婴儿动作发展、认知发展和语言发展的教育活动实例。

学习目标

知识目标：

- 了解 0～3 月龄、4～6 月龄婴儿的身心发展特点。
- 掌握 0～3 月龄、4～6 月龄婴儿教育活动的设计与指导要点。

技能目标：

- 能结合 0～3 月龄、4～6 月龄婴儿的身心发展特点设计相应的教育活动，并能根据婴儿在活动中的具体表现进行科学的指导。
- 能正确看待婴儿之间的个体差异，并能根据婴儿的差异化表现设计具有针对性的教育活动。

素质目标：

- 树立正确的教育理念，尊重婴儿的个性化发展。
- 培养善于观察的能力，提高随机应变能力。

任务一　掌握0～3月龄婴儿教育活动的设计与指导

幼有所育

小菲的孩子已经2月龄了。最近，小菲和丈夫在孩子的教养方式上出现了分歧。小菲十分重视孩子的早期教育，她在网上看了很多育儿知识，并向多个育儿专家咨询了3月龄前婴儿的教养方式。她得知，3月龄以内的孩子已经开始感知外界信息，多对孩子进行声音刺激有利于提高他们的发音水平和认知能力；多对孩子进行视觉刺激有利于促进他们的大脑发育。因此，小菲给孩子买了很多训练听觉能力和视觉能力的玩具，并且每天都会对孩子进行训练。而小菲的丈夫却认为孩子的年龄太小，没必要对孩子进行能力训练，过早训练就是在扼杀孩子的天性。

问题与思考：上述案例中，你赞同谁的观点？请说出你的理由。

一、0～3月龄婴儿的身心发展特点

（一）动作发展

1. 粗大动作发展

0～3月龄婴儿的粗大动作发展较为迅速。1月龄的婴儿被成人握住双肩拉坐起来后，头部能竖直保持2秒或以上；俯卧时，头部能够翘动。2月龄的婴儿被成人握住腕部拉坐起来后，头部能自行竖直保持5秒或以上；俯卧时，可以弯曲前臂做支撑，自行将头部抬离床面2秒或以上。3月龄的婴儿被竖抱时，能将头部举正并稳定10秒或以上；俯卧时，能自行将头部抬离床面，面部与床面成45°且持续5秒或以上，如图3-1所示。

图 3-1　婴儿俯卧抬头 45°

2．精细动作发展

0～3 月龄婴儿的精细动作在粗大动作发展后迅速发展。1 月龄的婴儿受抓握反射的影响，手掌被触碰时会紧握拳头，如图 3-2 所示。2 月龄的婴儿能用手抓握物体 2 秒或以上。3 月龄的婴儿能用手抓握物体 30 秒，还能将双手搭在一起保持 3～4 秒。

图 3-2　婴儿抓握反射

知识拓展

婴儿的无条件反射

婴儿所具备的无条件反射包括吸吮反射、觅食反射、抓握反射、惊跳反射、击剑反射、迈步反射、游泳反射、蜷缩反射、巴宾斯基反射、巴布金反射等。这些反射对于婴儿保护自己具有重要的意义。

（1）吸吮反射是指当成人用手指或其他物体触碰婴儿的嘴唇时，婴儿会立即做出吸吮的动作。吸吮反射通常会在婴儿3～4月龄之后消失。

（2）觅食反射是指当成人用手指或其他物体触碰婴儿的脸颊时，婴儿会立即把头转向被触碰的一侧，并做出吸吮的动作。

（3）抓握反射是指当成人用物体触碰婴儿的手掌时，婴儿会立即紧握物体。如果成人试图将物体拿走，婴儿会抓得更紧。

（4）惊跳反射是指当婴儿突然受到惊吓或外界刺激时，会出现头向后仰，四肢向外伸直，手指张开，继而双臂向上抬起并向内弯曲呈拥抱状的表现，故也称拥抱反射。惊跳反射在婴儿出生3个月内最为明显，多在3～5个月时消失。

（5）击剑反射是指当婴儿处于仰卧状态时，如果成人把婴儿的头转向一侧，婴儿会立即伸出同侧的手臂和腿，并屈起对侧的手臂和腿，做出击剑的姿势。

（6）迈步反射是指成人用双手扶着婴儿的腋下，把婴儿的脚放在平面上时，婴儿会做出两腿交替向前迈步的动作。

（7）游泳反射是指当婴儿俯卧在床上，成人托住其肚子时，婴儿会抬头、伸腿，做出游泳的姿势。如果让婴儿俯卧在水里，他也会本能地抬起头，并做出游泳的动作。

（8）蜷缩反射是指当婴儿的脚背碰到平面边缘时，婴儿会本能地做出与小猫动作相似的蜷缩动作。

（9）巴宾斯基反射是指当成人用物体的钝端沿婴儿的足底外侧缘，从脚后跟向前轻划时，婴儿会出现大脚趾上翘、其余四趾呈扇形分开的动作。

（10）巴布金反射是指如果婴儿的一只手或双手被压住，他会做出转头并张嘴的动作；当手掌上的压力消失时，他会做出打哈欠的动作。

（二）认知发展

0～3月龄的婴儿主要是通过视觉、听觉、触觉、味觉、嗅觉、形状知觉等感知觉来探索周围环境的。

在视觉方面，婴儿出生后已具备辨色力，但他们的辨色力还很弱，仅能够分辨黑色和白色。到3月龄左右，婴儿能分辨彩色和单色，且喜欢鲜艳明亮的颜色，尤其是红色。

具体来讲，1 月龄的婴儿仰卧时，能够注视距离脸部上方 20 厘米处的黑白靶；能用眼睛跟踪脸部上方 20 厘米处向左侧或右侧移动的小球；能用眼睛注视对自己说话的人的脸；眼睛能随着左右走动的人而转动。2 月龄的婴儿仰卧时，能立刻注意到在脸部上方 20 厘米处晃动的玩具；能用眼睛跟踪脸部上方 20 厘米处向上方或下方移动的小球。3 月龄的婴儿仰卧时，能立刻注意到胸前的玩具；能用眼睛和头部跟随水平移动的物品转动 180°。

在听觉方面，0～3 月龄的婴儿听到声音时会有所反应，如微笑、发声、手脚乱动等。

在触觉方面，0～3 月龄的婴儿主要以口腔触觉来满足生理需要及爱与安全感的需要，如婴儿哭闹时，吸吮奶嘴可安抚其情绪，如图 3-3 所示。

图 3-3 婴儿咬到安抚奶嘴后微笑

在味觉方面，0～3 月龄的婴儿能够分辨甜、咸、酸、苦等味道，并表现出对甜味的明显偏爱。

在嗅觉方面，0～3 月龄的婴儿能对各种气味做出不同的反应，如闻到不喜欢的气味时会把头扭到一边。

在形状知觉方面，2 月龄的婴儿能对图形和人的面孔进行整体感知，3 月龄的婴儿已经能分辨物体的形状。

实例分析

婴儿喜欢的颜色

青青刚出生 20 天。一天中的大部分时间，青青都在婴儿床上睡觉，偶尔醒来，除了吃奶，就是好奇地看向周围。青青妈妈在婴儿床的上方挂了许多五颜六色的玩具，但青青很少盯着这些玩具看。

一天，青青爸爸穿了一件黑白条纹的上衣，从婴儿床的一边走到另外一边，青青的眼睛跟着爸爸的方向转动。妈妈猜测青青是被爸爸的上衣颜色所吸引，于是，拿出一些黑白相间的图片给青青看，青青盯着图片看了十几秒。

分析

在上述案例中，青青被黑白颜色的物体吸引，这说明了婴儿在 20 多天时已经具备了辨色力，但他们的辨色力还很弱，仅能够分辨黑色、白色等单色。

（三）语言发展

0～3 月龄的婴儿处于单音节发音阶段。1 月龄的婴儿能发出细小的喉音，在听到声音后会有简单的反应。2 月龄的婴儿能从喉部发出 a、o、e 等元音。3 月龄的婴儿在他人的逗引下能发出“咯咯咯”的笑声。

此外，0～3 月龄的婴儿已经具备辨音能力，能够根据说话者的音高、音量和音色来辨别抚养者的声音和陌生人的声音，他们尤其喜欢听妈妈的声音。

晨晨会分辨家人的声音了

3 月龄的晨晨对妈妈的声音很敏感。每当听到妈妈的声音，晨晨就会舞动自己的四肢，头部也会左右转动寻找妈妈的身影。当妈妈逗晨晨时，晨晨会“咯咯咯”地笑。而当陌生人逗晨晨时，晨晨则无动于衷。

分析

从上述案例可以看出，婴儿在 3 月龄时不仅能够辨别不同的声音，还能够对不同的声音刺激给予不同的反应。

（四）情绪情感发展

0～3 月龄婴儿的情绪情感发展受生理和环境的影响。这一时期，婴儿的情感主要是通过哭和笑来表达，有时也会运用肢体动作来表达。通常，0～3 月龄的婴儿会用哭来表达饥饿、寒冷、疼痛、困乏等生理上的不适，并伴有闭眼、嚎叫、蹬腿等反应。

0～3 月龄婴儿的笑主要是自发性微笑和无选择的社会性微笑。2 月龄的婴儿在无外界逗引时能自发微笑，但不一定出声；在被逗引时，婴儿会出现微笑、发声、舞动四肢等一种或多种表现。3 月龄的婴儿在看到任何人的面孔或听到任何人的声音时，都会露出笑容，如图 3-4 所示。

图 3-4 婴儿的社会性微笑

二、0～3月龄婴儿教育活动的设计与指导要点

（一）动作活动的设计与指导

适合 0～3 月龄婴儿开展的动作活动主要有转头训练活动、抬头训练活动和抓握训练活动。在开展动作活动时，教养人可以利用牙胶摇铃、床铃等玩具，吸引婴儿的注意力，激发他们参与活动的兴趣。需要注意的是，在设计动作活动前，教养人应先对婴儿的动作发展状况进行评估，明确其发展需求，然后有针对性地设计训练项目，提出指导要点。

1. 粗大动作活动的设计与指导

针对 0～3 月龄婴儿开展粗大动作活动的主要目的是锻炼婴儿头颈部肌肉力量，可通过转头训练活动和抬头训练活动来实现。下面列举了 3 个粗大动作活动的设计方案和指导要点。

1 追声寻源

适宜月龄： 1 月龄左右。

活动目标： 锻炼婴儿用头颈部肌肉的力量控制头部活动的能力，锻炼婴儿的听觉定位能力。

活动准备： 无。

活动过程：（1）让婴儿仰卧在床上，教养人慢慢地靠近婴儿，在距离婴儿面部 20 厘米处微笑着对婴儿讲话，让婴儿注视着自己的脸。

（2）教养人慢慢地把脸向左侧移动，并在移动的过程中不断呼唤婴儿的名字，直到婴儿转头看自己。之后，教养人再用同样的方法，让婴儿向右侧转头。

指导要点：在呼唤婴儿的名字时，若婴儿没有给予回应，教养人可以用手指轻轻地触摸婴儿的脸颊，使其转动头部。

2 追视寻物

适宜月龄：1 月龄左右。

活动目标：增强婴儿颈部肌肉的力量，锻炼婴儿视觉追踪能力。

活动准备：婴儿喜欢的玩具。

活动过程：（1）让婴儿仰卧在床上，教养人拿着婴儿喜欢的玩具，放在距离婴儿眼睛 15～20 厘米处，使玩具进入婴儿的视线，如图 3-5 所示。

图 3-5　婴儿追视寻物

（2）教养人慢慢地左右移动玩具，使婴儿的目光追随玩具，并带动头部转动。

指导要点：在训练过程中，若婴儿的视线中断，教养人可以重新将玩具放在婴儿眼前，再次移动玩具。

3 俯卧抬头

适宜月龄： 2月龄左右。

活动目标： 锻炼婴儿颈部和背部的肌肉力量，提高其控制头部的能力。

活动准备： 摇铃。

活动过程： （1）让婴儿俯卧在床上，并将其双手放于头部两侧。

（2）将摇铃放在婴儿面前，教养人一只手托起婴儿的胸部，另一只手拿起摇铃，一边摇一边慢慢举高，逗引婴儿做抬头的动作，如图3-6所示。

图3-6　婴儿俯卧抬头

（3）当婴儿抬头看向玩具时，教养人应及时表扬婴儿。

指导要点： （1）初次训练时，如果婴儿颈部、背部肌肉力量不够，教养人可以用双手轻轻地托住婴儿的下巴，帮助其抬头。

（2）婴儿完成一次训练后，教养人要用手指轻轻地抚摸婴儿的背部，使其背部肌肉得到放松，然后让婴儿仰卧在床上休息片刻。

（3）每次活动的时间可以持续5～10分钟。如果婴儿感到疲劳或不适，应该立即停止活动。

课堂互动

在豆豆满两个月的时候，豆豆父母带他到医院做常规体检。医生在为豆豆做检查时发现，豆豆做不好俯卧抬头的动作，且拉坐时头部无法自行竖直。于是，医生叮嘱豆豆的父母回家后要对豆豆进行抬头训练，以增强豆豆颈部的肌肉力量。

思考：请为豆豆的父母提供具体的训练方案和指导建议。

2. 精细动作活动的设计与指导

针对 0～3 月龄婴儿开展精细动作活动的主要目的是训练婴儿手的握紧和松弛能力，可通过抓握训练来实现。下面列举了 3 个精细动作活动的设计方案和指导要点。

- 适宜月龄：0～3 月龄。
- 活动目标：促进婴儿双手从握拳状变为双手张开状，提高婴儿手部肌肉力量。
- 活动准备：无。
- 活动过程：（1）让婴儿仰卧在床上，教养人用一只手轻轻地抚摩婴儿的手指，从指根到指尖，依次抚摩每根手指，如图 3-7 所示。
（2）教养人可以边念儿歌边抚摩，抚摩时动作要轻柔，速度要适中，避免伤害婴儿。

图 3-7　抚摩手指

附儿歌：

“拇指，拇指，你在哪？”

大拇指，大拇指，你在哪里？我在这里，我在这里。你好不好？很好很好，谢谢你！

食指，食指，你在哪里？我在这里，我在这里。你好不好？很好很好，谢谢你！

中指，中指，你在哪里？我在这里，我在这里。你好不好？很好很好，谢谢你！

无名指，无名指，你在哪里？我在这里，我在这里。你好不好？很好很好，谢谢你！

小拇指，小拇指，你在哪里？我在这里，我在这里。你好不好？很好很好，谢谢你！

指导要点：（1）初次训练时，婴儿可能会因为小手被碰到而抓握得特别紧，此时，教养人可以轻轻地抚摸婴儿的手背，待婴儿的双手放松后，再进行抚摸婴儿手指的活动。

（2）如果婴儿出现烦躁的情绪，教养人应该立即停止抚摸。

2 手心刺激

适宜月龄：0～3月龄。

活动目标：锻炼婴儿的抓握能力。

活动准备：婴儿喜欢的带手柄的玩具。

如何给婴儿挑选抓握玩具

活动过程：（1）让婴儿仰卧在床上，教养人用食指或拇指轻轻地按压婴儿的手掌。

（2）当婴儿抓住教养人的手指后，教养人可以通过转动手指、抽拉手指等方式进一步刺激婴儿的神经末梢，使婴儿握得更紧。

（3）教养人抽出手指，用带手柄的玩具触碰婴儿的手掌，逗引婴儿去抓握玩具手柄。

指导要点：（1）初次训练时，如果婴儿还不会抓握，教养人可以将玩具放在婴儿的手里，然后握着婴儿的手，帮助婴儿练习抓握。

（2）如果婴儿抓握玩具的时间过久，教养人可以轻轻地拍打婴儿的手背，婴儿就会松开握紧的手。

3 抓、踢床铃

适宜月龄：2～3 月龄。

活动目标：锻炼婴儿四肢的肌肉力量。

活动准备：床铃。

活动过程：（1）让婴儿仰卧在床上，教养人在距离婴儿双手上方 5～10 厘米处悬挂床铃，便于婴儿双手够取，如图 3-8 所示。

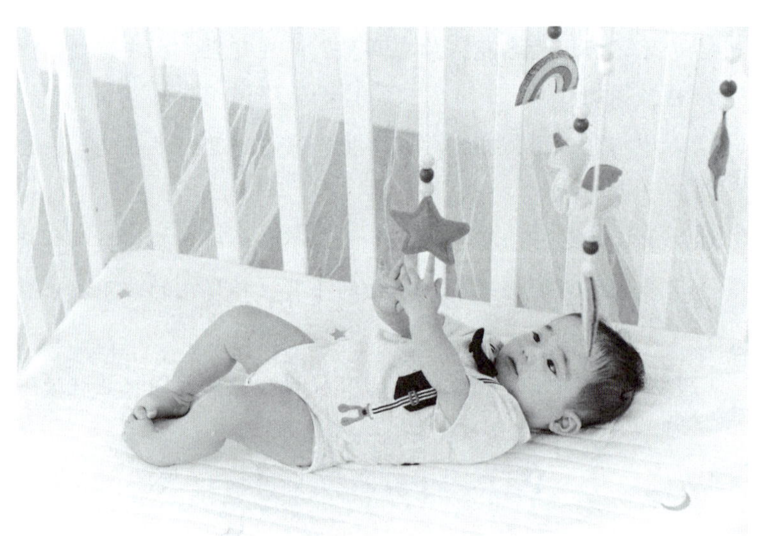

图 3-8　婴儿抓握床铃

（2）教养人用手触碰床铃，并配合声音和动作吸引婴儿的注意力，婴儿看到床铃在转动，就会用手去抓、双脚上举或努力蹬腿。

指导要点：如果婴儿没有用手去抓床铃，教养人可以拉着婴儿的手触碰床铃，并用语言鼓励婴儿用手去抓。

（二）认知活动的设计与指导

针对 0～3 月龄婴儿开展认知活动的主要目的是锻炼婴儿视觉追踪能力、提高手部触觉感知力、发展味觉和嗅觉。教养人可以利用黑白图片、可以发声的玩具汽车、质地各异的玩具、带香味的食物，开展认知活动。需要注意的是，在活动过程中，教养人要密切关注婴儿的表现，适时调整活动内容和方式，以确保婴儿的活动积极性。下面列举了 4 个认知活动的设计方案和指导要点。

1 观看黑白图片

适宜月龄：1 月龄左右。

活动目标：锻炼婴儿的视觉追踪能力。

活动准备：3～5 幅不同图案的黑白图片。

活动过程：（1）让婴儿仰卧在床上，教养人将一张黑白图片放在距婴儿眼睛 20 厘米的位置，并呼唤婴儿的名字，以吸引婴儿的注意，如图 3-9 所示。

图 3-9　婴儿观看黑白图片

（2）当婴儿注意到图片后，教养人慢慢地左右移动图片，并观察婴儿的眼睛是否会随着图片的移动而转动。

指导要点：（1）如果婴儿的注意力发生转移，教养人可以换另一张图片继续进行此活动，以保持婴儿对该活动的新鲜感。

（2）如果婴儿不能将视线集中在照片上，教养人可以一边面向婴儿微笑，一边摇晃照片，以吸引婴儿的注意。

2 汽车往哪开

适宜月龄：1～3 月龄。

活动目标：锻炼婴儿的视觉追踪能力。

活动准备：带音乐的电动小汽车。

活动过程：（1）妈妈抱着婴儿坐在床上，爸爸将小汽车的音乐系统打开，并将小汽车轻轻地推向婴儿所在的位置，使婴儿对小汽车产生兴趣。

（2）爸爸一边用手指着汽车移动的方向，一边对婴儿说："宝宝，你看小汽车来找你玩啦！"以此引导婴儿用眼睛追随汽车移动。

（3）爸爸通过加大推动小汽车的力度或转换推动的方向，使小汽车的移动方式发生变换，鼓励婴儿继续追视小汽车。

指导要点：（1）初次训练时，如果婴儿不能转头追视，妈妈可以用手扶住婴儿的后脑勺或颈部，帮助婴儿转头追视。

（2）在活动过程中，爸爸妈妈要尽量挑逗婴儿的兴趣，使其主动转头追视。

3 抓一抓

适宜月龄：0～3 月龄。

活动目标：提高婴儿的手部触觉感知能力。

活动准备：不同质地的玩具若干，如布娃娃、积木、塑料小球等。

活动过程：（1）教养人依次将不同质地的玩具放在婴儿的左手和右手中，引导婴儿抓握玩具。

（2）当婴儿抓握玩具时，教养人要告诉婴儿所抓的是什么玩具，并形容这个玩具的质地，如光滑的、坚硬的等。

指导要点：（1）婴儿抓住玩具后，教养人也可以对婴儿微笑或唱歌，转移婴儿的注意力，提高婴儿抓握的时间。

（2）在活动过程中，教养人可以把玩具放在婴儿的手背上，让婴儿感受玩具的质地。

4 闻香

适宜月龄：1～3 月龄。

活动目标：促进婴儿的嗅觉发展。

活动准备：一些带香味的水果，如草莓、橙子、香蕉等。

活动过程：（1）让婴儿仰卧在床上，或者斜躺在教养人的臂弯里。

（2）教养人拿起任一水果放到婴儿鼻子处，让婴儿闻一闻，并告诉婴儿水果的名称。

指导要点：如果婴儿表现出不适感，教养人要立即停止。

（三）语言活动的设计与指导

针对 0～3 月龄婴儿开展语言活动的主要目的是提高婴儿的倾听能力和辨音能力。在日常生活中，教养人应为婴儿提供丰富的语言环境，并随时随地对婴儿进行声音刺激，以促进婴儿听觉系统的发育，从而为其语言发展打下基础。例如，教养人可以多让婴儿听一些生活中的声音和舒缓的音乐，如水声、汽车鸣笛声、钟声、铃声、鸟叫声、摇篮曲等。需要注意的是，教养人应避免让婴儿或一些刺耳的声音和一些突然发出的声音，以免影响婴儿听觉系统的健康发育。下面列举了 2 个语言活动的设计方案和指导要点。

1 念儿歌

适宜月龄： 0～3 月龄。

活动目标： 提高婴儿的倾听能力。

活动准备： 简单且节奏感强的儿歌，如《小星星》《外婆桥》等。

活动过程： （1）将婴儿放在安静、舒适的环境中，教养人面对婴儿并注视婴儿眼睛，开始念儿歌。念儿歌时，声音要温柔、语速要适中，以便让婴儿清晰地听到每个音节。

（2）在念儿歌时，教养人可以配合手势、面部表情、摆动身体或借助玩具来吸引婴儿的注意力，帮助婴儿更好地聆听儿歌。

（3）在念完一句儿歌后，教养人需要停顿一会儿，给婴儿留出时间去回应和互动，如露出微笑或发出声音等。

指导要点： 如果婴儿在听到儿歌后没有任何回应，教养人可以改变念儿歌的节奏或改变声音的高低，以此来引导婴儿回应。

2 听听这是谁的声音

适宜月龄： 1～3 月龄。

活动目标： 提高婴儿的辨音能力。

活动准备： 各种动物声音的音频。

活动过程： （1）让婴儿仰卧在床上，教养人播放动物声音的音频，以此吸引婴儿的注意力。

（2）每播放一个动物的声音后，教养人要告诉婴儿这是什么动物的声音。

指导要点： 在活动过程中，教养人要注意观察婴儿对各种动物声音的反应，如果婴儿害怕某种动物的声音，则停止播放，换下一个动物的声音。

躬体力行

为 0～3 月龄婴儿设计教育活动

目前，很多家长对 0～3 月龄婴儿的教育活动的重要性认知不足，认为孩子年龄尚小，每天除了吃，大部分时间都在睡觉，没必要开展教育活动，而早期教育大多是针对 1 岁以后的幼儿开展的。殊不知，孩子出生后的前 3 个月，是其动作、认知、语言等能力发展的萌芽期。把握好这一时期，开展适宜的能力训练活动，能为之后更多能力的发展奠定良好的基础。请同学们以小组为单位，选定一名 0～3 月龄的婴儿，对其动作、认知、语言发展水平进行测评，并根据测评结果设计一份有针对性的教育活动方案。

（1）将全班同学分成若干小组，每组 3～4 人。各组通过采访 0～3 月龄婴儿的家长（可以是自家亲戚，也可以是学校的老师，还可以是早教机构的早教老师），了解该月龄段婴儿各方面的发展情况。然后选定一名婴儿，根据表 3-1 的内容对其动作、认知和语言发展水平进行测评，并将测评结果填入表中。

表 3-1　0～3 月龄婴儿身心发展水平测评表

测评对象		月龄		性别	
测评日期					
测评人					
测评项目	动作发展水平	1 月龄	抬肩坐起头竖直片刻：婴儿仰卧，主试者面向婴儿站立，对婴儿微笑、说话，直到婴儿注视到主试者的脸。这时主试者轻轻握住婴儿双肩，将婴儿拉坐起来，婴儿头可竖直保持 2 秒或以上	通过□　不通过□	
			俯卧头部翘动：婴儿俯卧，前臂屈曲支撑，用玩具逗引婴儿抬头，婴儿有头部翘动的动作	通过□　不通过□	
			触碰手掌紧握拳：婴儿仰卧，主试者将食指从尺侧（靠小指的一侧）放入婴儿手掌中，婴儿能将拳头握紧	通过□　不通过□	
			手的自然状态：主试者观察婴儿清醒时手的自然状态为双手拇指内收不达掌心，无发紧	通过□　不通过□	

续表

测评项目	动作发展水平	2月龄	拉腕坐起头竖直短时：婴儿仰卧，主试者将拇指置于婴儿掌心，余四指握住腕部轻拉婴儿坐起，婴儿头可自行竖直，保持5秒或以上	通过□ 不通过□
			俯卧头抬离床面：婴儿俯卧，前臂屈曲支撑，用玩具逗引婴儿抬头，婴儿可自行将头抬离床面达2秒或以上	通过□ 不通过□
			花铃棒留握片刻：婴儿仰卧，将花铃棒放在婴儿手中，婴儿能够握住花铃棒不松手达2秒或以上	通过□ 不通过□
			拇指轻叩可分开：当婴儿双手握拳稍紧，拇指稍内收时，主试者轻叩婴儿的手背，婴儿的手掌即可打开	通过□ 不通过□
		3月龄	抱直头稳：竖抱婴儿，婴儿能将头举正并稳定10秒或以上	通过□ 不通过□
			俯卧抬头45°：婴儿俯卧，前臂屈曲支撑，头正中位，用玩具逗引婴儿抬头，婴儿头部可自行抬离床面，面部与床面成45°，持续5秒或以上	通过□ 不通过□
			花铃棒留握30秒：婴儿仰卧或侧卧，将花铃棒放入婴儿手中，婴儿能握住花铃棒30秒，不借助床面的支持	通过□ 不通过□
			两手搭在一起：婴儿仰卧，主试者将婴儿的两手搭在一起，随即松手，婴儿能将双手搭在一起，保持3~4秒	通过□ 不通过□
	认知发展水平	1月龄	看黑白靶：婴儿仰卧，主试者将黑白靶拿在距婴儿脸部上方20厘米处移动，吸引婴儿注意，婴儿眼睛可明确注视黑白靶	通过□ 不通过□
			眼跟小球过中线：婴儿仰卧，主试者手提小球，在婴儿脸部上方20厘米处轻轻晃动以引起婴儿注意，然后把小球慢慢移动，从头的一侧沿着弧形，移向中央，再移向头的另一侧。当主试者把小球移向中央时，婴儿能用眼睛跟踪看着小球转过中线（三试一成）	通过□ 不通过□
			眼跟踪走动的人：将婴儿横放在床上或斜躺在家长臂弯里，主试者站立（直立位，勿弯腰）逗引婴儿引起其注意后左右走动，婴儿眼睛能追随走动的人转动	通过□ 不通过□

续表

测评项目	认知发展水平	2 月龄	即刻注意大玩具：婴儿仰卧，用娃娃在婴儿脸部上方 20 厘米处晃动，婴儿可立刻注意到娃娃（三试一成）	通过□　不通过□
			眼跟小球上下移动：婴儿仰卧，主试者提起小球，在婴儿脸部上方 20 厘米处轻轻晃动以引起婴儿注意，先慢慢向上移动，然后再从头顶向下颏处移动，婴儿眼睛能上或下跟随小球	通过□　不通过□
		3 月龄	即刻注意胸前玩具：婴儿仰卧，主试者将娃娃在婴儿身体上方 20 厘米处沿中线自下向上移动。当玩具到婴儿乳头连线至下颏之间时，婴儿能立即注意玩具	通过□　不通过□
			眼跟小球 180°：婴儿仰卧，主试者手提小球，在婴儿脸部上方 20 厘米处轻轻晃动以引起婴儿注意，然后把小球慢慢移动，从头的一侧沿着弧形，移向中央，再移向头的另一侧，婴儿能用眼及头跟随小球转动 180°（三试一成）	通过□　不通过□
	语言发展水平	1 月龄	自发细小喉音：婴儿仰卧、清醒时，观察或询问婴儿，婴儿能发出任何一种细小柔和的喉音	通过□　不通过□
			听声音有反应：婴儿仰卧，在其一侧耳上方 10～15 厘米处轻摇铜铃，婴儿听到铃声有一种或多种反应（双侧均做，一侧通过即可）	通过□　不通过□
			对发声的人有注视：主试者面对婴儿的脸微笑并对其说话，但不能触碰婴儿的面孔或身体，婴儿能注视主试者的脸	通过□　不通过□
		2 月龄	发 ɑ、o、e 等元音：询问或逗引婴儿发音，婴儿能从喉部发出 ɑ、o、e 等元音	通过□　不通过□
			听声音有复杂反应：婴儿仰卧，在其一侧耳上方 10～15 厘米处轻摇铜铃，婴儿听到声音有表情和肢体动作的变化（双侧均做，一侧通过即可）	通过□　不通过□
		3 月龄	笑出声：逗引婴儿笑，但不得接触身体，婴儿能发出“咯咯咯”的笑声	通过□　不通过□

（2）各组根据评测结果，为目标对象设计若干有针对性的教育活动方案，每个活动方案应包括活动名称、适宜月龄、活动目标、活动准备、活动过程和指导要点等内容。各组将活动成果填入表 3-2 中。

表 3-2 教育活动方案表

<table>
<tr><th colspan="3">活动类型</th><th>教育活动方案</th></tr>
<tr><td rowspan="4">动作发展</td><td rowspan="2">动作发展正常</td><td>下一阶段的训练目标</td><td></td></tr>
<tr><td>活动方案</td><td></td></tr>
<tr><td rowspan="2">动作发展异常</td><td>异常情况</td><td></td></tr>
<tr><td>活动方案</td><td></td></tr>
<tr><td rowspan="4">认知发展</td><td rowspan="2">认知发展正常</td><td>下一阶段的训练目标</td><td></td></tr>
<tr><td>活动方案</td><td></td></tr>
<tr><td rowspan="2">认知发展异常</td><td>异常情况</td><td></td></tr>
<tr><td>活动方案</td><td></td></tr>
<tr><td rowspan="4">语言发展</td><td rowspan="2">语言发展正常</td><td>下一阶段的训练目标</td><td></td></tr>
<tr><td>活动方案</td><td></td></tr>
<tr><td rowspan="2">语言发展异常</td><td>异常情况</td><td></td></tr>
<tr><td>活动方案</td><td></td></tr>
<tr><td>回访总结</td><td colspan="3"></td></tr>
</table>

（3）各组在班级内展示设计的教育活动方案，其他小组进行点评，并就方案中的问题进行探讨，提出修改建议。各组针对其他小组成员的意见和建议修改活动方案。

（4）各组走访当地的早教机构或妇幼医院，请专业人士对本组的教育活动方案进行审核，以确保训练方案的专业性和准确性。

（5）各组将活动方案发给目标婴儿的家长，并向他们详细说明如何实施这些活动。请家长按照训练计划对观察对象进行训练（至少一周），并记录每次活动的开展情况。

（6）各组按期回访，对婴儿的训练成果进行评估，并再次按照表 3-1 的内容对婴儿进行测评，然后根据实际情况填写回访总结。

（7）各组采取自评、小组互评和教师评价相结合的方式，对活动的实施情况进行评价，并填写表 3-3。

表 3-3　活动实施评价表

评价标准	分值	评价得分		
		自评	互评	师评
评测结果客观、科学、合理	10			
能够根据测评结果为观察对象制订有针对性的教育活动方案	30			
设计的教育活动具有趣味性和可操作性，且安全系数高	10			
能够对目标婴儿的训练成果进行恰当评估	20			
提供的活动方案有价值，能改善目标婴儿的异常情况，并能促进其下一阶段的能力发展	30			

任务二　掌握 4～6 月龄婴儿教育活动的设计与指导

幼有所育

某早教机构的张老师为 5～6 月龄的婴儿设计了“送星星回家”的活动，目的是训练婴儿捏物入瓶的能力。张老师准备了若干敞口瓶和若干折叠的小星星。活动开始前，张老师给在场的每位婴儿发了一个敞口瓶和 2 颗小星星。活动开始后，张老师先引导婴儿用拇指和食指捏起一颗小星星，但婴儿都是伸出手掌直接去抓小星星。张老师见状，又示范了一次捏物的动作，这次婴儿仍然没有学会。

随后，张老师开始教婴儿把小星星投放到敞口瓶中。张老师先示范了投放的动作，让婴儿模仿。有的婴儿抓起小星星后直接扔掉；有的婴儿抓着小星星就往嘴里送；有的婴儿虽然将抓起的小星星送到了敞口瓶处，但没有准确地把小星星投放到敞口瓶中，洒落在了敞口瓶外；有的婴儿在家长的帮助下，准确地把小星星投放到了敞口瓶中。

问题与思考：上述案例中，张老师设计的活动是否符合 5～6 月龄婴儿的发展需求？请说一说你的看法。

一、4～6 月龄婴儿的身心发展特点

（一）动作发展

1. 粗大动作发展

4～6 月龄的婴儿背部和颈部肌肉力量逐渐增强，抬头动作进一步发展，坐的动作开始出现并快速发展，翻身动作和站的动作也一并发展。具体来讲，4 月龄的婴儿俯卧时可抬头 90°；被成人扶着腋下能站立 2 秒或以上。5 月龄的婴儿被成人握住腕部轻轻拉坐时，能自主用力坐起，且拉坐过程中不会出现头部后滞的现象；能用双手支撑自己的身体或靠着物体坐；能独自坐在床上，头身向前倾保持 5 秒或以上，如图 3-10 所示。6 月龄的婴儿能熟练地进行仰卧翻身，即从仰卧位翻身到俯卧位。

图 3-10　婴儿前倾身体坐着

嘟嘟妈妈听邻居说婴儿爬行能够促进其大脑的发育。因此，在嘟嘟5月龄时，嘟嘟妈妈便开始对嘟嘟进行爬行训练。嘟嘟妈妈教嘟嘟手膝爬行的动作，但训练了好长时间，嘟嘟还是学不会。

思考：请谈谈你对该事件的看法。

2. 精细动作发展

4～6月龄的婴儿开始出现有意识的抓握动作，并逐步用大拇指参与抓物。具体来讲，4月龄的婴儿开始试着抬起手臂用手抓物体，并能够将手里的物体摇动数下。5月龄的婴儿能用一只手或双手抓住放在距离其手掌一侧2.5厘米处的玩具，并喜欢把手里的物品放进嘴里，如图3-11所示；会自发把双手抱在一起放在胸前摆弄；当手中有一块积木时，还会用目光明确地注视第二块靠近自己的积木。6月龄的婴儿能用双手反复揉搓纸张，或者将纸撕破；能一手拿一块积木保持10秒或以上；会自发拍打桌面，且能拍响。

图3-11　婴儿啃咬物品

嘴馋的果果

4个多月的果果不仅喜欢吃手指，还喜欢把抓在手里的物品放进嘴里啃咬。有一天，妈妈看到果果把手里的鸭子玩具放进嘴里啃咬，妈妈觉得鸭子玩具比较脏，于是把它从果果的嘴里拿了出来，可过了一会儿，果果又将鸭子玩具送进了嘴里。

分析

4 个多月的婴儿喜欢吸吮手指，喜欢把抓在手里的物品放进嘴里啃咬，实际上，这是婴儿在用嘴巴探索“物”与“我”的不同。通过不断地探索，婴儿的自我意识会逐渐形成并发展。

（二）认知发展

4～6 月龄婴儿的认知能力逐渐增强，除了感知觉有进一步的发展外，其记忆、注意、思维等方面也开始发展。

1. 感知觉发展

在视觉方面，4 月龄的婴儿能自发注视距离自己 20 厘米处镜子中的人像。5 月龄的婴儿开始对镜子中自己的影像有面部表情变化或伴有肢体动作的反应，如微笑、挥手等；能够全方位追视物体。6 月龄的婴儿能够注视距离自己不超过 80 厘米的物体。

在听觉方面，4 月龄的婴儿能够寻找声源，如成人将婴儿抱在怀里，在其耳后上方 15 厘米处轻摇铜铃，婴儿能回头找到声源。5 月龄的婴儿开始能够感知音乐旋律的变化。6 月龄的婴儿听到熟悉物品的名称后会注视该物品，如成人说“宝宝的手在哪里”时，婴儿会观察自己的手。

在触觉方面，4～6 月龄的婴儿不仅通过口腔触觉来满足生理需要及爱与安全感的需要，还逐渐开始通过手的触觉来感知物体的不同特征，如硬、软、粗糙等。但是，此阶段婴儿的手部触觉敏感度远不如口腔触觉。

在距离知觉（即对物体远近或凹凸程度的反映）方面，“视觉逼近实验”和“视崖实验”表明，6 月龄的婴儿已经具有距离知觉。

知识拓展

视觉逼近实验和视崖实验

（1）视觉逼近实验：向婴儿呈现一个以一定速度向其逐渐逼近的物体或物体影像，观察婴儿是否有闭眼、后仰、抬胳膊阻挡等防御性的反应，可用来评估婴儿的距离知觉。

实验发现：0～1 月龄的新生儿对逼近物已有初步反应；2～3 月龄的婴儿对逼近物有保护性闭眼反应；4～6 月龄的婴儿对逼近物有躲避反应。这些实验结果说明，婴儿有一定的距离知觉。

（2）视崖是一种能够使人产生深度幻觉的平台式装置（见图 3-12），可用来评估婴儿的深度知觉。该装置是一张特制的1.2米高的桌子，四周有护栏，桌面是一块透明的厚玻璃。桌子中间是一个0.3米宽的木制隔板，隔板一侧的桌面上铺一层红白相间的棋盘布，视为“浅滩”；另一侧的桌面下方（即桌子下的地板上）铺上同样的图案，视为“深渊”。

实验时，将婴儿放在木制隔板上，先让母亲站在“浅滩”边呼唤婴儿，再让母亲站在“深渊”边呼唤婴儿，分别观察婴儿是否能爬到母亲身边。

实验发现，婴儿在6月龄甚至更早就已经有了深度知觉，表现如下：当母亲站在“浅滩”边呼唤时，婴儿很快就会爬到母亲身边；当母亲站在“深渊”边呼唤时，大多数婴儿会对这种视觉上的深度感到害怕，不敢爬到母亲身边，他们或者在隔板上一动不动，或者向“浅滩”方向爬，或者因害怕而大哭。

图3-12 视崖

（资料来源：陆羽菲，《视崖实验》，浙金院心理健康咨询中心，2023年1月14日）

2. 记忆发展

从4月龄开始，婴儿的长时记忆逐渐发展，能够记住反复出现的熟悉的人、事物或场景。随着月龄的逐渐增长，婴儿的长时记忆能力不断加强，到6月龄时，婴儿的记忆时长已经达到48小时。

6月龄左右，婴儿开始对生活中的常见形象进行记忆，如人脸特征、物品特征等。同时，6月龄的婴儿能够利用长时记忆来解决一些简单的问题，如找失踪的物品、玩躲猫猫游戏等。

实例分析

开关灯游戏

优优 6 个月的时候，妈妈经常陪她玩开关灯的游戏。每次打开灯后，妈妈会说灯亮了；每次关灯后，妈妈会说灯灭了。优优很喜欢开关灯的游戏，看着灯一会儿亮，一会儿暗，优优很开心。有一次，妈妈出差了两天，回家后和优优说“灯亮了、灯灭了”的时候，优优开心地舞动着双手，并看着天花板上的灯。

分析

从上述案例可以看出，6 月龄的婴儿已经能够记住熟悉物品的名称了，听到熟悉物品的名称后会去寻找，并用眼睛注视它，即便两天没有练习，经过他人的提醒，婴儿依然能够很快回忆起来。

3. 思维发展

一般来说，婴儿的思维从 6 月龄左右开始发展。在这个阶段，婴儿能够初步理解两个相关事物之间的因果关系，如按下开关电灯会亮、摇动铜铃会发出声音等。同时，他们能够区分熟悉和不熟悉的人或事物，如分辨出自己的母亲和陌生人。

4. 注意发展

4～6 月龄婴儿的注意以无意注意为主，且注意持续的时间很短。通常，母亲的脸、颜色鲜艳的物体、可移动的物体、简单明了的图形等会引起他们的注意。

此外，除了强烈的外界刺激，凡是能直接满足婴儿需要或与满足需要相关的事物或人都能引起婴儿的注意，如奶瓶、母亲等。

（三）语言发展

4～6 月龄婴儿的语言发展水平处于连续音节阶段，即婴儿在发声时会连续重复同一音节。具体来讲，4 月龄的婴儿能伊语作声，但所发出的声音无任何意义；在高兴或不满时，会发出响亮的叫声。5 月龄的婴儿能发出 ma、ba、pa 等辅元结合音；能发出“咿咿呀呀”的声音。6 月龄的婴儿听到自己的名字时会转头寻找呼唤自己的人；能理解他人的基本手势，如成人向婴儿伸手表示要抱他的手势。

（四）情绪情感发展

随着年龄的增长和大脑的发育，婴儿的情绪情感逐渐发展、分化，情绪情感的表达也逐渐多样、复杂且高级。

4～6 月龄的婴儿情绪情感开始与社会性需要相联系，如表现出对亲人（尤其是母亲）

的依赖、对玩具的喜爱或厌恶等。具体来讲，4 月龄的婴儿在看到母亲或其他亲人、听到母亲或其他亲人的声音后会变得高兴起来，如图 3-13 所示。5 月龄的婴儿见到陌生人时较少微笑，但仍不害怕；看见奶、饼干等食物时，会表现出高兴要吃的样子。6 月龄的婴儿喜欢与亲人亲密接触，亲人的抚摸、亲吻和拥抱能稳定婴儿的情绪，使婴儿感到愉悦；能够区别成人不同的情绪和面部表情，并做出具有一致性的情绪反应。

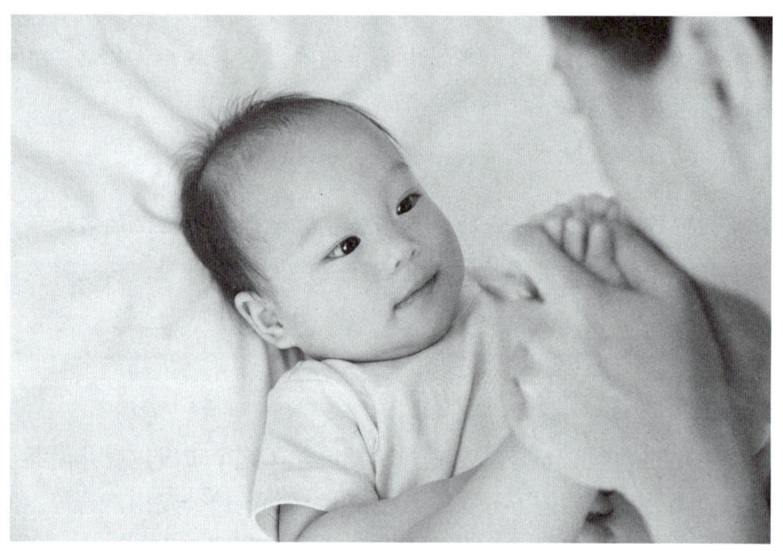

图 3-13　婴儿对着母亲微笑

二、4～6 月龄婴儿教育活动的设计与指导要点

（一）动作活动的设计与指导

适合 4～6 月龄婴儿开展的动作活动主要有翻身训练活动、坐的训练活动、抓握训练活动等。教养人可以利用毛毯、枕头、毛绒玩具等开展活动。需要注意的是，在活动过程中，教养人要经常鼓励和赞扬婴儿，如微笑、口头表扬、亲吻等，以提高婴儿参与活动的积极性。

1．粗大动作活动的设计与指导

针对 4～6 月龄婴儿开展粗大动作活动的主要目的是锻炼婴儿头颈部、腰部、背部、四肢等部位的肌肉力量，可通过翻身训练活动和坐的训练活动来实现。下面列举了 3 个粗大动作活动的设计方案和指导要点。

1 左翻右翻

如何用玩具引导婴儿练习翻身

适宜月龄： 3～4 月龄。

活动目标： 让婴儿从仰卧位翻身至侧卧位。

活动准备： 一条柔软的毛毯、一个枕头。

活动过程：（1）教养人把毛毯平铺在床上，并让婴儿仰卧在毛毯上。

（2）教养人抓住婴儿身体一侧的毛毯并缓慢地抬起，使婴儿的身体由仰卧位翻至侧卧位；然后将枕头垫在婴儿的后背，使其保持侧卧姿势。

（3）教养人将婴儿背后的枕头拿开，抓住婴儿身体另一侧的毛毯并缓慢地抬起，使婴儿的身体由侧卧位翻至仰卧位。之后，教养人按照上述步骤的方式，换个方向让婴儿再次感受侧卧。

指导要点： 当婴儿处于仰卧位并尝试自己翻身时，他的脸部可能已经转向左侧，而身体还不能跟着翻过去。这时，教养人可以先将婴儿的右脚搭在左脚上，使婴儿的双脚呈交叉的姿势，然后一只手扶住婴儿的肩膀，另一只手扶住婴儿的腰部，慢慢地将婴儿的肩膀和腰部转向左侧，帮助婴儿完成从仰卧位翻至侧卧位的动作，如图 3-14 所示。

图 3-14 翻身练习

2 翻身打滚

适宜月龄：4～6月龄。

活动目标：让婴儿从仰卧位翻身至俯卧位，再从俯卧位翻身至仰卧位。

活动准备：婴儿喜欢的玩具。

活动过程：（1）让婴儿仰卧在床上，教养人拿出婴儿喜欢的玩具逗引婴儿，引导婴儿从仰卧位翻身至侧卧位。

（2）在婴儿的注视下，教养人将玩具放在距离婴儿身体远一点的位置，继续逗引婴儿，引导婴儿从侧卧位翻身至俯卧位去拿玩具。之后，教养人按照上述步骤的方式，引导婴儿从俯卧位翻身至仰卧位。

指导要点：初次训练时，婴儿从仰卧位翻身至俯卧位时可能会出现一只手臂被压在身体下面动弹不得的情形，这时，教养人需要帮助婴儿把手臂抽出。

小贴士

（1）翻身训练一般在婴儿喝完奶1小时以后进行，以避免婴儿在活动时溢奶。

（2）4～6月龄婴儿的身体非常娇嫩柔弱，教养人帮助婴儿翻身时，动作一定要缓慢、轻柔。

（3）当婴儿完成一次训练后，教养人要及时鼓励婴儿，以增强婴儿的自信心。

3 拉坐活动

适宜月龄：4～6月龄。

活动目标：锻炼婴儿头颈部、背部、腰部的肌肉力量。

活动准备：无。

活动过程：（1）让婴儿仰卧在床上，教养人坐在婴儿脚部的位置。

（2）教养人将拇指置于婴儿掌心，其余四指握住婴儿腕部，使婴儿双手之间的间距与肩同宽，然后慢慢地轻拉婴儿，使婴儿头部和肩部离开床面，如图3-15所示。此时，婴儿会试图屈肘用力坐起来。婴儿坐起后，保持坐姿几秒钟再让婴儿躺下。等婴儿休息片刻后再继续将婴儿拉起。

图 3-15　教养人握住婴儿腕部练习拉坐

（3）训练多次后，教养人可根据婴儿的情况，适当增加训练的难度，如不再抓住婴儿的腕部，而是让婴儿抓住教养人的手指，自己发力坐起来。

指导要点：（1）婴儿呈坐姿时，如果婴儿的身体左右摇晃，教养人要扶住婴儿的腰部。

（2）在活动过程中，教养人要等婴儿握紧自己的两根手指后，再用力拉起婴儿。

小贴士

拉坐训练是让婴儿借助教养人的帮助自己用力坐起。如果婴儿被教养人拉坐起来时，手无力屈肘，头部低垂，表示还不宜做这个动作，必须先进行俯卧抬头练习，强化头颈部、背部肌肉及上肢肌肉力量，过些时候再进行拉坐训练。

2．精细动作活动的设计与指导

针对 4～6 月龄婴儿开展精细动作活动的主要目的是训练婴儿手眼协调能力和抓握能力，可通过不同难度的抓握训练活动来实现。下面列举了 2 个精细动作活动的设计方案和指导要点。

1　抓取眼前的玩具

适宜月龄：4～5 月龄。

活动目标：锻炼婴儿伸手够取近处物品的能力。

活动准备：不同类别、大小和质地的玩具，如花铃棒、布娃娃、塑料球等。

活动过程：（1）教养人将花铃棒放在桌子上，然后抱着婴儿坐在桌子前。

(2) 教养人用语言引导婴儿用手抓取花铃棒。当婴儿将花铃棒拿起来时，教养人可以亲一亲婴儿的脸颊，或者用“宝宝，你真棒！”“好聪明的小宝宝！”等话语鼓励、表扬婴儿。

(3) 待婴儿会玩花铃棒或对花铃棒失去兴趣后，教养人再为其更换另一种玩具，以免婴儿对活动失去兴趣。

- 指导要点：(1) 如果婴儿已经能够握紧手中的玩具，教养人可以教婴儿用玩具敲击桌子或摇晃玩具。

(2) 如果婴儿能够熟练抓取体积大一点的玩具，教养人可以再选择体积稍小的玩具让婴儿练习抓取。

2 伸手够取毛绒玩具

- 适宜月龄：5～6 月龄。
- 活动目标：锻炼婴儿够取远距离物品的能力。
- 活动准备：毛绒玩具。
- 活动过程：(1) 让婴儿坐着，教养人一只手扶着婴儿的腰部，另一只手举着毛绒玩具，放在婴儿伸手能够抓到的位置，如图 3-16 所示。当婴儿注意到毛绒玩具后，教养人继续摇晃毛绒玩具，并引导婴儿伸手去抓毛绒玩具。

图 3-16　婴儿伸手够毛绒玩具

(2) 教养人将毛绒玩具慢慢移动到距离婴儿身体稍远的地方，引导婴儿前倾身体，努力向前伸手抓毛绒玩具。

(3) 当婴儿伸手抓到毛绒玩具后，教养人可以跟他玩“拔河”游戏——互

相拉扯毛绒玩具，并故意输给婴儿，然后用“宝宝的力气好大呀”等话语来鼓励婴儿，以此激发婴儿练习的兴趣和积极性。

指导要点：（1）初次训练时，如果婴儿身体前倾后，无法回到正位坐姿，教养人需要帮助婴儿回正身体。

（2）教养人应控制好毛绒玩具和婴儿之间的距离，并根据婴儿的反应随时调整两者之间的距离。

（二）认知活动的设计与指导

针对 4～6 月龄婴儿开展认知活动的主要目的是培养婴儿的感知觉能力，提高注意力和记忆力。适合 4～6 月龄婴儿开展的认知活动主要有感知觉训练活动、指认训练活动、藏找游戏活动等。下面列举了 2 个认知活动的设计方案和指导要点。

1 认识镜子中的人

适宜月龄：4～6 月龄。

活动目标：让婴儿认识自己和妈妈。

活动准备：一面镜子。

活动过程：（1）教养人抱着婴儿站在镜子前，并对着镜子中的婴儿说：“××（宝宝的名字）在哪里？”

（2）教养人观察婴儿的反应，如果婴儿对着镜子中的自己有面部表情变化或能做出肢体动作，教养人应立即表扬婴儿。如果婴儿没有反应，教养人可以举起婴儿的手，一边晃动一边对着镜子中的婴儿说：“××（宝宝的名字）在这里。”

（3）婴儿认识过自己后，教养人继续对着镜子说：“妈妈在哪里？”

（4）教养人观察婴儿的反应，并以同样的方式引导婴儿认识妈妈。

指导要点：如果婴儿没有反应，教养人也可以抱着婴儿在镜子前做一些有趣的动作或夸张的表情，使婴儿对镜子中的人产生兴趣，再引导婴儿认识镜子中的人是谁。

2 躲猫猫

适宜月龄：4～6 月龄。

活动目标：锻炼婴儿的注意力和记忆力。

活动准备：一条毛巾。

活动过程：(1) 爸爸抱着婴儿坐在地毯上，妈妈坐在婴儿对面。在婴儿的注视下，妈妈用毛巾挡住自己的脸，然后躲在毛巾后面呼唤婴儿的名字，如图 3-17 所示。

图 3-17　躲猫猫

(2) 当婴儿听到自己的名字，并看向妈妈时，妈妈在毛巾的一侧探出脸，并发出“喵、喵”的声音。妈妈反复躲起来、探出头来逗乐婴儿。

(3) 妈妈用毛巾遮挡婴儿的面部，并问：“宝宝在哪里？”随后，把挡在婴儿面前的毛巾拿开，并说：“宝宝在这里。”

指导要点：(1) 用毛巾遮挡住妈妈的面部时，爸爸可以引导婴儿动手拉开毛巾。

(2) 用毛巾遮挡住婴儿的面部时，妈妈可以先故意装作到处找的样子，然后再拉开毛巾，做出惊喜的表情，以激发婴儿的兴趣。

（三）语言活动的设计与指导

针对 4～6 月龄婴儿开展语言活动的主要目的是提高婴儿倾听能力和发音水平。教养人应在日常生活中随时随地对婴儿进行声音刺激，并及时回应婴儿说的简单的“话语”，以激发婴儿继续说话的欲望。适合 4～6 月龄婴儿开展的语言活动主要有听音寻人活动、模仿发音活动等。需要注意的是，在语言活动过程中，教养人要运用多种方式吸引婴儿的注意力，激发婴儿开口说话的兴趣。下面列举了 2 个语言活动的设计方案和指导要点。

1 学发音

适宜月龄：4～5月龄。

活动目标：让婴儿模仿“咿咿呀呀”的发音。

活动准备：无。

活动过程：（1）让婴儿仰卧在床上，教养人把脸部贴近婴儿，使婴儿能看见自己的口型，如图3-18所示。

图3-18　教养人面对婴儿说话

（2）教养人用亲切、温柔的声音轻唤婴儿的名字，引起婴儿的注意。

（3）教养人自编简单的小曲调，如“咿咿—呀呀—咿咿呀”，反复唱给婴儿听。

（4）教养人放慢唱歌时的语速或变换语调，逗引婴儿学着发出“咿咿呀呀”的声音。

指导要点：（1）如果婴儿发出了“咿咿呀呀”的声音，教养人要给予积极的回应。如果婴儿发出了一些其他的声音（如“啊—啊”“呜—呜”等），教养人也不要打断他，而应积极地与其进行互动。

（2）如果婴儿在听教养人唱歌时心情愉悦，教养人可以反复唱同一首歌，并结合儿歌的内容做一些简单的动作。但如果婴儿有哭闹的情绪，教养人要停止唱歌。

2 听音寻人

适宜月龄：4～6月龄。

活动目标：训练婴儿听到自己名字后的反应能力。

活动准备：一个拨浪鼓。

活动过程：（1）在婴儿清醒的状态下，爸爸抱着婴儿，妈妈在旁边用拨浪鼓发出的声音逗引婴儿。

（2）当婴儿专注地看着妈妈时，妈妈迅速躲到爸爸身后，并用亲切、温柔的声音呼唤婴儿的名字。

（3）当婴儿根据声音的方向寻找妈妈时，妈妈要对婴儿露出笑脸并说："妈妈在这里。"

（4）婴儿每次找对妈妈发出声音的方向，妈妈都要亲亲婴儿表示鼓励。

指导要点：（1）初次训练时，婴儿也许并不知道妈妈喊的名字就是他，这时，爸爸可以用手指着婴儿并对他说："妈妈喊你呢。"

（2）在日常生活中，爸爸妈妈应经常叫婴儿的名字，以提高婴儿对自己名字的敏感度和记忆力。

躬体力行

动手制作玩具

玩具是开展婴幼儿教育活动的必备材料，利用生活中的物品、大自然中的资源制作玩具，不仅经济环保，而且能够更直接地帮助婴幼儿认识周围的环境。请同学们以小组为单位，利用生活中的废旧物品或身边的自然材料制作至少5个适合4～6月龄婴儿开展教育活动的玩具。

（1）将全班同学分成若干小组，每组5人，并选出一名组长。各组利用网络、专业书籍等搜集相关资料，并填写表3-4。

表 3-4 资料搜集情况表

组长		组员	
搜集的内容	搜集的结果		
适合 4～6 月龄婴儿开展动作活动的玩具			
适合 4～6 月龄婴儿开展认知活动的玩具			
适合 4～6 月龄婴儿开展语言活动的玩具			
制作玩具所需的材料			

（2）各组对资料搜集的结果进行讨论，并选定要制作的玩具（每位成员负责制作一个玩具）。

（3）各组寻找所需的材料和制作工具，并制作玩具。组员将各自制作玩具的过程记录在表 3-5 中。

表 3-5 玩具制作过程记录表

玩具名称		制作者	
制作材料			
制作步骤			

续表

遇到的问题及解决方案	

（4）各组在班级内展示制作的玩具，并介绍每个玩具的玩法及功能。其他小组一一点评每个玩具，提出可改进的地方，并选出最佳的作品。

（5）各组完善所制作的玩具，并为每个玩具设计一个教育活动方案，内容包括适用年龄、活动目标、活动过程、指导建议等。

（6）寻找适龄的婴儿（可以请亲戚、老师帮忙，也可以去早教机构寻找），将制作好的玩具及对应的教育活动方案提供给婴幼儿家长或早教老师，请他们借助玩具开展教育活动，并将婴儿对各种玩具的反应、玩具是否存在安全隐患、教育活动所达到的效果等内容进行反馈。各组根据反馈进一步改进自制的玩具。

（7）各组采取自评、小组互评和教师评价相结合的方式，对活动的实施情况进行评价，并填写表 3-6。

表 3-6　活动实施评价表

评价标准	分值	评价得分		
		自评	互评	师评
搜集的资料全面、准确，有参考价值	10			
制作的玩具能满足 4～6 月龄婴儿的发展需求	20			
制作的玩具有创意且具有安全性	20			
具有较强的团队合作意识，组员配合良好，遇到问题能够积极探讨并提出解决方案	10			
动手能力强，能又快又好地完成玩具的制作	10			
设计的教育活动方案能充分展现玩具的玩法和功能	20			
玩具投入使用后，得到了较好的反馈	10			

筑梦灯塔

以己所爱奉献光和热

陈丽萍所学的专业是心理学，大学毕业后的第一份工作是辅导中小学生的学业。陈丽萍成为妈妈后，意识到启蒙教育的重要性，从而萌生出当一名育婴师的想法。在孩子断奶后，陈丽萍便投身于育婴师行业。

要想成为一名优秀的育婴师，不仅需要掌握全面的育儿知识，还需要懂得沟通的技巧。陈丽萍刚入行，公司就给她安排了一项工作——照顾一个4月龄的婴儿。投入工作后，陈丽萍不管做什么，雇主家里的老人都会盯着看，而且从不让她和孩子单独相处。虽然陈丽萍对老人的行为有些不解，但她并没有说什么，而是尽心尽力地照顾孩子，并坚持将每天的工作内容记录下来，同时及时和孩子的家人反馈孩子的情况。慢慢地，陈丽萍的专业和敬业获得了老人的认可，老人也开始逐渐放手让陈丽萍独自带孩子。

由于宝宝的妈妈缺少育儿经验，哺乳时习惯躺在床上，但对于4个月大的婴儿来说，坐姿喂奶的方式是最合适的。为此，陈丽萍耐心地向宝宝的妈妈解释坐姿喂奶的好处，并向其传授正确的、科学的育儿知识。慢慢地，宝宝的妈妈改变了育儿方式，跟宝宝有了更多的互动。

在整体年龄偏大的育婴师行业里，陈丽萍从未因为年轻而被人轻视过，甚至一些年长的同事都叫她“丽萍老师”。无论遇到什么育儿难题或与雇主的沟通难题，同事们都会请教她。扎实的专业基础、过硬的专业技术、良好的职业道德，促使陈丽萍成功从育婴师晋升为育儿指导师。

年纪轻轻的陈丽萍为何会有如此丰富的育儿经验呢？陈丽萍解释道：“首先，我会经常和我的学员一起探讨如何处理工作中所遇到的难题，这个过程也让我了解到了更多客户的需求。其次，我会充分利用各种互联网资源学习育儿知识，丰富专业技能。最后，我所在的公司在母婴行业深耕近20年，有专业的母婴护理专家和医生，遇到自己解决不了的难题时，我也会向她们请教。”

陈丽萍了解到，当下“90后”“95后”成为生育的主力军，由于工作繁忙、缺少育儿经验，且与父母辈育儿观念不同，很多家庭会选择请育婴师照看孩子。于是，陈丽萍给自己立了新目标，即培养出更多优秀的育婴师，从而缓解更多年轻家长的育儿焦虑。

（资料来源：张玉榕，《不仅能带娃还能带“学生”》，
《厦门日报》2023年1月6日）

项目综合训练

一、选择题

1. 下列选项中，不适合0～3月龄婴儿开展的活动是（　　）。
   A. 俯卧抬头　B. 爬行训练　C. 追视寻物　D. 观看黑白图片
2. 下列选项中，不适合0～3月龄婴儿玩的玩具是（　　）。
   A. 视觉卡　B. 色彩鲜艳的小球
   C. 拨浪鼓　D. 拼图
3. 下列选项中，适合训练4～6月龄婴儿精细动作的活动是（　　）。
   A. 拼插、堆积等练习　B. 抬头、爬行等练习
   C. 拍打、抓握等练习　D. 发音、微笑等练习
4. 婴儿出生一两天后就有笑的反应，这种笑的反应属于（　　）。
   A. 习得性微笑　B. 自发性微笑
   C. 无选择的社会性微笑　D. 有选择的社会性微笑
5. 下列选项中，关于4～6月龄婴儿注意发展的描述不正确的是（　　）。
   A. 以无意注意为主，且注意持续的时间很短
   B. 母亲的脸、颜色鲜艳的物体、可移动的物体都会引起婴儿的注意
   C. 凡是能直接满足婴儿需要或与满足需要相关的事物都能引起婴儿的注意
   D. 有意注意开始出现

二、判断题

1. 3月龄左右，婴儿仰卧时能用眼睛和头部跟随水平移动的物品转动180°。（　　）
2. 0～2月龄的婴儿在他人的逗引下能发出“咯咯咯”的笑声。（　　）
3. 0～3月龄的婴儿主要以口腔触觉来满足生理需要及爱与安全感的需要。（　　）
4. 4月龄左右，婴儿开始出现认生的表现，见到陌生人时会大哭。（　　）
5. 4～6月龄的婴儿开始通过手的触觉代替口腔触觉来感知物体的不同特征。（　　）

三、简答题

1. 简述0～3月龄婴儿的视觉发展特点。

2．简述 4～6 月龄婴儿的语言发展特点。

3．简述 4～6 月龄婴儿的情绪情感发展特点。

项目四

7～18 月龄婴幼儿教育活动的设计与指导

项目导读

7～18 月龄婴幼儿的身心发展水平得到了不同程度的提高。本项目详细介绍了 7～12 月龄婴儿和 13～18 月龄幼儿的身心发展特点，并分别列举了能够促进 7～12 月龄婴儿和 13～18 月龄幼儿动作发展、认知发展、语言发展、情绪情感与社会性发展的教育活动实例。

学习目标

知识目标：

- 了解 7～12 月龄婴儿和 13～18 月龄幼儿的身心发展特点。
- 掌握 7～12 月龄婴儿和 13～18 月龄幼儿教育活动的设计与指导要点。

技能目标：

- 能结合 7～12 月龄婴儿和 13～18 月龄幼儿的身心发展特点设计相应的教育活动，并能根据婴幼儿在活动中的具体表现进行科学的指导。

素质目标：

- 秉持科学的育儿观念，关注婴幼儿的个体差异，学会因材施教。
- 乐于对婴幼儿的身心发展进行全方位探索，注重对婴幼儿各方面能力的培养。

任务一　掌握 7～12 月龄婴儿教育活动的设计与指导

幼有所育

琳琳长得白白胖胖的，十分可爱。琳琳的爸爸妈妈经常抱着琳琳在小区里散步，邻居们看到可爱的琳琳都会来抱一抱她或逗一逗她，琳琳从来不抗拒。但是，在满 8 月龄后，琳琳突然开始认生了，除了爸爸妈妈，谁都不让抱。只要是不太熟悉的人伸手抱她，她就会钻到爸爸妈妈的怀里，并且用手紧紧地抓住爸爸妈妈的衣角，有时还会放声大哭。

问题与思考：琳琳的认生表现正常吗？为什么？

一、7～12 月龄婴儿的身心发展特点

（一）动作发展

1．粗大动作发展

7～12 月龄婴儿的躯干肌肉变得更加有力，手臂和腿部肌肉也变得更加强壮，同时，身体的平衡性也日益增强。具体来讲，7 月龄的婴儿独坐时会将背挺直，且无须用手支撑床面能保持 1 分钟或以上；成人扶着婴儿的腋下，婴儿能全脚掌着地。8 月龄的婴儿独坐时无须用手支撑，上身可以自由转动取物；双手扶着物体能站立 5 秒或以上。9 月龄的婴儿能用手和膝盖支撑起身体，并向前爬行；成人拉着婴儿的双手，婴儿能较协调地移动双腿，向前行走 3 步或以上。10 月龄的婴儿无须他人协助，能较协调地从俯卧位坐起并坐稳；能较熟练地爬行。11 月龄的婴儿能用一只手扶着物体蹲下，用另一只手捡起地上的玩具，如图 4-1 所示。12 月龄的婴儿在被成人牵着一只手时，能协调地移动双腿，向前至少迈 3 步以上。

图 4-1　婴儿蹲下捡玩具

2. 精细动作发展

7～12 月龄婴儿的手指灵活性得到快速提升，手部的动作也越来越丰富。具体来讲，7～9 月龄的婴儿能主动伸手去抓玩具，并能将抓到的玩具握在一只手里，再用另一只手去抓其他玩具；能用拇指、食指和中指或用拇指和食指捏起体积小的物体；能摇晃、投掷或敲击抓在手里的物体；能双手拿着两块积木互敲，但对击不准。10～12 月龄的婴儿能有意识地将积木放入容器中，然后再将其从容器中取出；能用单手或双手摘下戴在自己头上的帽子；能全掌握笔在纸上留下笔道，如图 4-2 所示；能捏住体积小的物体并试着往容器内投放，但不一定能成功放入；能将瓶盖盖在瓶口上；等等。

图 4-2　婴儿握笔画线

实例分析

婴儿的探索

9 月龄的琪琪对颜色鲜艳且外形复杂的物品非常感兴趣。一天，妈妈带着琪琪去玩具店买玩具，当琪琪看到一个表面坑坑洼洼的橙色小球时，她立刻伸手从玩具架上抓起小球，并拿在手里摇晃。玩了几分钟后，琪琪将橙色的小球扔在了地上，随后又伸出双手从玩具架上抓起两块积木，一手拿着一块积木开始对敲。

分析

通过上述案例可以看出，9 月龄的婴儿不仅能够伸手抓取自己感兴趣的玩具，还能够将手里的玩具扔出去，同时能够用双手握着积木进行对敲，表现出了较好的手眼协调能力。

（二）认知发展

1. 感知觉发展

在视觉方面，7～8 月龄的婴儿能够将视线集中在某一特定的物体上，且能够通过改变体位进行追视，如转头侧身寻找声音。

在听觉方面，7～12 月龄的婴儿听到外界的声音（如汽车的鸣笛声）时，会立刻转头寻找声源。同时，他们能够辨别声音所代表的情绪，并做出相应的反应，如听到亲切温柔的声音时会笑、听到凶狠严厉的声音时会哭。

在触觉方面，7～12 月龄的婴儿处于“手口并用”的时期，他们会经常摆弄手中的物品，并喜欢将手中的物品塞进嘴里，通过手的触觉和口腔触觉来感知物体。

在形状知觉方面，婴儿在 8～9 月龄时就已经获得了形状恒常性。形状恒常性是指个体从不同角度观察同一个物体时，不会认为物体的形状会随着观察角度的变化而变化。例如，婴儿在观察篮球时，无论从正上方看还是从斜上方看，婴儿都能理解篮球是圆形的。

2. 记忆发展

7～12 月龄婴儿的记忆缺乏目的性，仍以无意记忆为主。该月龄段的婴儿能够记住一些外部特征比较鲜明的事物、一些带有情绪色彩的事情（如被妈妈表扬了、被火烫伤了、被门夹住手了等）和一些不断重复的动作，记忆时长可以保持数天。

3. 思维发展

7 月龄以后，婴儿开始对不符合自己已有经验的现象表示惊讶。例如，婴儿用手拍打鸭子玩具，鸭子玩具发出了“嘎嘎嘎”的叫声，当婴儿再次拍打鸭子玩具时，如果鸭子玩具不发出叫声，婴儿就会露出疑惑的表情。9 月龄以后，婴儿开始建立客体永久性观念，即当物体从视野中消失时，婴儿仍知道物体是存在的，只是被藏在了某个地方。11～12 月龄的婴儿开始出现表意性动作，即婴儿可以借助动作来表达自己的意愿。例如，当婴儿有想要的东西或想去的地方时，婴儿就会用手指向自己想要的东西或想去的地方。

4．注意发展

7～12 月龄婴儿的注意开始受知识与经验的支配，他们会对熟悉的、常见的物体或人产生注意。这一阶段，婴儿的注意依旧不稳定，且注意力集中的时间通常不超过 15 秒。

（三）语言发展

7～12 月龄的婴儿处于语言理解能力优于语言表达能力的阶段。在语言理解方面，7～9 月龄的婴儿能听懂教养人发出的一些简单的、常用的指令，并能按照指令行事。例如，给婴儿穿衣服时，其能够根据指令做出伸手、伸腿、抬胳膊等动作，如图 4-3 所示。10～12 月龄的婴儿能听懂“不”的指令，并停止正在进行的动作；能听懂常见的人名和物名，如问婴儿“妈妈在哪里？”“灯在哪里？”时，婴儿会用眼睛注视或用手指出该人或该物。

图 4-3　婴儿配合穿衣

在语言表达方面，7～9 月龄的婴儿能发出“da-da”“ma-ma”等语音，但无所指；能用动作或手势表达“抱”“没有”“好吃”“欢迎”“再见”等意思。到 10～12 月龄时，婴儿能在看到父母时有意识地发出“爸爸”“妈妈”等语音；能有意识并正确地发出“汪”“拿”“走”“姨”“奶”等单个字音。

实例分析

引导婴儿听懂“不”的含义

茜茜妈妈经常带着 11 月龄的茜茜去楼下的广场玩。一天，茜茜和妈妈在广场上玩儿时，天空突然下起了小雨，茜茜妈妈赶紧带着茜茜回家了。到家后没过多久，茜茜就指着门口对妈妈说：“走！”妈妈猜测茜茜还想去广场玩，便对她说：“外边下雨了，出去玩儿淋到雨会生病的。”茜茜不听妈妈说了什么，仍旧指着门口。看妈妈没有要出门的意思，茜茜伸手打了妈妈的脸。这时，妈妈用严厉的口吻对她说：“茜茜，不能打人！打人是不对的。”茜茜听到妈妈严厉的批评后，便不敢再打妈妈了。

分析

通过上述案例可以看出，当婴儿出现某些不当行为时，如果教养人能用严厉的语言给予制止，在一定程度上能够强化婴儿对“不”的理解，并能让婴儿停止正在做的不当行为。

（四）情绪情感发展

1．情绪情感的识别

7～12 月龄的婴儿能从他人的面部表情中辨别出高兴、难过、生气等基本情绪，并能运用这些情绪作为自己行动的参照，来调节、指导自己的行为反应。例如，当 8 月龄的婴儿乱扔东西时，教养人如果用生气的表情看着婴儿，婴儿就会停止扔东西的动作。

2．情绪情感的表达和控制

7～12 月龄婴儿情绪情感的表达更加丰富，除了能够表达哭和笑两种情绪情感之外，还能够表达激动、兴奋、放松、愤怒、恐惧、悲伤等情绪情感。此外，该月龄段的婴儿对情绪的控制能力较弱，他们的情绪极易受到外界环境的影响，如跟着别人哭或笑。同时，婴儿的情绪很不稳定，短时间内会产生两种甚至多种情绪，如哭笑来回转换。

3．情绪情感的社会化发展

（1）陌生人焦虑

陌生人焦虑是指婴儿见到陌生人时产生的恐惧、紧张或不安的情绪反应。陌生人焦虑一般在 6～7 个月时开始出现，在 8～10 个月时达到高峰，在 2 岁时逐渐下降。

陌生人焦虑是婴儿成长过程中的正常表现，它意味着婴儿的认知水平进入了一个新的阶段。

（2）分离焦虑

分离焦虑是指婴儿因与依恋对象分离而产生的焦虑、不安或痛苦的情绪反应。分离焦虑一般在 6～8 个月时开始出现，在 14～18 个月时达到高峰，之后其产生的频率和强度会逐渐下降。

（3）依恋

依恋是指婴儿与主要教养人（通常是母亲）之间形成的一种亲密的、持久的情感联结。从 7 月龄开始，婴儿进入特定依恋期，表现出对主要教养人的明显依恋，表现为对主要教养人的关注更多，越来越离不开主要教养人。他们的情绪情感变化受主要教养人的影响，与主要教养人在一起时特别高兴，与主要教养人分离时则会十分伤心。

知识拓展

婴儿依恋的类型

婴儿依恋的类型主要有安全型依恋、回避型依恋和矛盾型依恋。

❖ 安全型依恋

在陌生的环境中，这类婴儿会把母亲在的地方当作“安全基地”。母亲在场时，他们非常活跃，会主动去探索周围环境；母亲离开时，他们会表现出明显的苦恼和不安，且活动减少；母亲返回时，他们会主动寻求母亲的安慰，且很容易经抚慰而平静下来，继续之前的活动。

❖ 回避型依恋

在陌生的环境中，母亲是否在场不会对这类婴儿产生影响。母亲离开时，他们没有明显的紧张、不安、焦虑等情绪；母亲返回时，他们也不会主动与母亲接触，往往是不予理会，继续活动，甚至会主动回避母亲的亲密行为。

❖ 矛盾型依恋

在陌生的环境中，即使母亲在场，这类婴儿也难以主动去探索周围环境，而是一直依偎在母亲身边。母亲离开时，他们会大哭大闹，表现出极度的痛苦、惊恐和不安；母亲返回时，他们对母亲的态度是极其矛盾的，既希望与母亲有亲密接触，又会回避母亲的亲密行为。

二、7～12 月龄婴儿教育活动的设计与指导要点

（一）动作活动的设计与指导

适合 7～12 月龄婴儿开展的动作活动主要有坐的训练活动、爬行训练活动、站立训练

活动、扶走训练活动、取放物训练活动和握笔训练活动。教养人可以利用摇铃、小汽车、小推车、积木、蜡笔等玩具开展活动。需要注意的是，在活动过程中，教养人要不断引导婴儿，并在婴儿完成某个任务时给予积极的肯定和鼓励，以提高婴儿参与活动的积极性。

适合 7～12 月龄婴儿开展教育活动时使用的玩具

1. 粗大动作活动的设计与指导

针对 7～12 月龄婴儿开展粗大动作活动的主要目的是增强婴儿腰部、背部、腹部和四肢的肌肉力量，锻炼身体的平衡感，可通过坐的训练活动、爬行训练活动、站立训练活动和扶走训练活动来实现。下面列举了 4 个粗大动作活动的设计方案和指导要点。

适宜月龄：6～7 月龄。

活动目标：训练婴儿依靠腰部、背部和腹部的肌肉力量从倾斜位回到正位坐姿的能力。

活动准备：摇铃。

活动过程：（1）让婴儿坐在床上或地毯上，教养人手拿摇铃并摇晃，以吸引婴儿的注意。当婴儿注意到摇铃后，教养人将摇铃放在婴儿身体正前方约 30 厘米处，鼓励婴儿前倾身体并伸手去抓摇铃。

（2）当婴儿抓到摇铃后，教养人再将摇铃依次放在婴儿身体的左上方和右上方约 30 厘米处，让婴儿左右倾斜身体并伸手去抓摇铃。

（3）重复几次后，教养人轻轻地抚摸婴儿的腰部、背部和腹部，帮助婴儿放松肌肉。

指导要点：（1）在活动过程中，教养人要引导婴儿坐着转动身体去抓摇铃。

（2）在婴儿抓摇铃时，如果其身体向一侧倾倒，教养人可以用手扶着婴儿的肩膀。

适宜月龄：7～8 月龄。

活动目标：锻炼婴儿手膝并用向前爬行的能力。

活动准备：婴儿喜欢的玩具。

活动过程：（1）让婴儿俯卧在床上，教养人用手托起婴儿的腹部，使婴儿的胸部和腹部离开床面，双手和双膝贴着床面，呈跪姿，以此支撑身体。当婴儿能够稳定地用手膝支撑身体后，教养人慢慢地抽走托在婴儿腹部的手，让婴儿用自己的力量保持此姿势。

（2）待婴儿能够独自用手膝支撑起身体时，教养人在婴儿前面放一些玩具，并说："宝宝，你看这是你最喜欢的玩具，快点过来拿呀！"以此逗引婴儿向前爬行，如图 4-4 所示。

图 4-4　婴儿爬行

（3）待婴儿能够熟练地自主爬行后，教养人可以设置一些障碍物，如枕头、毛绒玩具等，并鼓励婴儿爬越障碍物或绕过障碍物，以此进一步发展婴儿的爬行能力。

指导要点：（1）在活动过程中，如果婴儿无法自主向前爬行，教养人可以用双手掌抵住婴儿的脚心并轻轻地往前推，帮助婴儿向前爬，如图 4-5 所示。

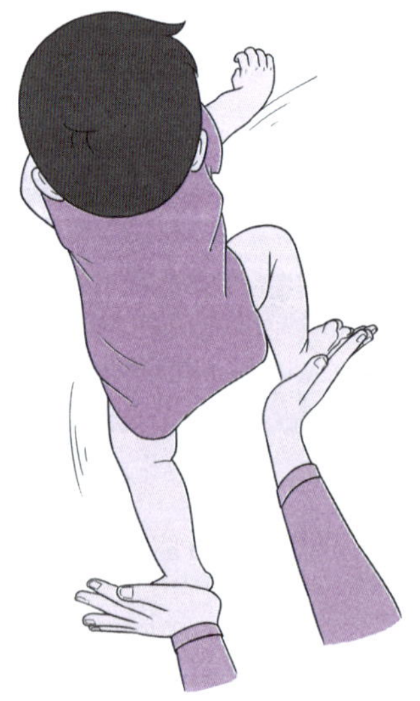

图 4-5　抵足爬行

（2）当婴儿快要拿到玩具时，教养人可将玩具再拿得远一点，并鼓励婴儿继续向前爬行。但此行为要适量，以免使婴儿失去训练的兴趣。

有些家长认为婴儿学习爬行不重要，重要的是学习行走，你同意该观点吗？请说出你的理由。

3 站立训练

适宜月龄：7～12 月龄。

活动目标：训练婴儿用双腿的肌肉力量站立并保持平衡的能力。

活动准备：婴儿喜欢的玩具。

活动过程：（1）让婴儿坐在沙发旁的地毯上，教养人将婴儿喜欢的玩具放在沙发上，逗引婴儿扶着沙发站起来去拿玩具。

（2）当婴儿学会扶物站立后，教养人用双手扶着婴儿的腋下，让婴儿的背部和臀部靠着墙。待婴儿站稳后，教养人慢慢地松开双手，将双手悬空放于婴儿的腰间，并鼓励婴儿独自站立。

指导要点：（1）如果婴儿无法扶着物体站起来，教养人可以扶着婴儿的腋下帮助其站起来。

（2）当婴儿站不稳时，教养人要立即扶住婴儿，防止婴儿摔倒。

4 扶走训练

适宜月龄：8～12 月龄。

活动目标：锻炼婴儿扶物行走的能力，增强婴儿腿部肌肉力量。

活动准备：小汽车、小推车。

活动过程：（1）教养人用双手扶着婴儿的腋下，让婴儿的双脚踩在教养人的脚背上，跟着教养人一起左右脚交替向前迈步。练习一段时间后，让婴儿双脚踩在地板上，教养人拉着婴儿的双手向前行走。

（2）让婴儿扶着较固定的物体（如沙发、茶几等）的一侧站立，教养人在物体的另一侧放一个小汽车玩具，鼓励婴儿扶着物体走向小汽车，如图 4-6 所示。

图 4-6　婴儿扶着桌子练习行走

（3）待婴儿能够熟练地扶着较固定的物体行走后，教养人再让婴儿扶着可移动的物体（如小推车等）练习行走，如图 4-7 所示。

图 4-7　婴儿扶着小推车练习行走

指导要点：（1）在婴儿行走过程中，如果婴儿不小心跌倒了，教养人要鼓励婴儿自己站起来并继续行走。如果婴儿起身后不敢继续行走，教养人要鼓励婴儿，并告诉婴儿自己会在旁边保护他的安全，帮助婴儿克服对行走的恐惧感。

（2）如果婴儿对扶着小推车行走失去了兴趣，教养人可以给婴儿提供一些能够放进小推车车斗里的玩具，让婴儿推着小推车玩送货游戏，以此激发婴儿行走的积极性。

实例分析

学步车的危害

彤彤是一个胖乎乎的小丫头，长得结实可爱，两条腿相当有力。妈妈想让彤彤尽早学会独立走路，于是给她买了一辆学步车，让她在学步车的辅助下练习走路。如妈妈所愿，彤彤很喜欢骑着学步车走来走去，有时能独自玩几个小时，妈妈也省去了整天抱着她的麻烦，很是开心。

但过了几天，妈妈发现彤彤的腿有些异常，当即带彤彤去医院检查。医生说是过早使用学步车的缘故，并告诉她，如果让婴儿长时间用学步车练习走路，不仅会给婴儿的髋关节带来压力，容易造成O型腿或X型腿，而且还容易导致婴儿大脑发育过程中某些功能不协调，如平衡力差、易摔倒、注意力不集中、手脚笨拙等。听了医生的话后，妈妈懊悔不已。

分析

上述案例中，彤彤妈妈让彤彤在学步车的辅助下练习走路，导致彤彤的腿出现异常。针对上述情况，儿科协会建议，可以将学步车替换为固定不动的弹跳椅、结实的四轮小车、儿童手推车等更为安全的辅助器械。

2. 精细动作活动的设计与指导

针对7～12月龄婴儿开展精细动作活动的主要目的是训练婴儿手指抓握物体的准确性和手部动作的灵活性，可通过取放物训练活动和握笔训练活动来实现。下面列举了3个精细动作活动的设计方案和指导要点。

1 传递积木

适宜月龄： 7～9月龄。

活动目标： 锻炼婴儿双手配合交换物品的能力。

活动准备： 3块积木。

活动过程： （1）让婴儿坐在床上或地毯上，教养人拿一块积木递给他。

（2）待婴儿拿住积木后，教养人再向婴儿的同一只手里递另外一块积木，引导婴儿将手中的积木传递到另一只手上，再去接新的积木。

（3）当婴儿双手各拿了一块积木后（见图4-8），教养人继续将第3块积木递向婴儿。如果婴儿不知道该怎么做，教养人可以引导婴儿先将手中的积木放下，再去接新的积木。

图 4-8　婴儿双手各拿一块积木

指导要点：(1) 如果婴儿左手拿着一块积木，教养人再给婴儿递第二块积木时，婴儿可能会把左手中的积木扔掉再去接第二块积木，也可能会用右手去接第二块积木，第一块积木仍然握在左手里。遇见上述两种情况，教养人都应该引导婴儿先把左手中的积木传到右手后，再用左手接第二块积木。

(2) 如果婴儿不用指导就能把左手中的积木传到右手，再用左手接第二块积木，教养人应该表扬婴儿，以提高婴儿参与活动的积极性。

2 捏小馒头饼干

适宜月龄：7～9 月龄。

活动目标：锻炼婴儿用拇指、食指和中指或用拇指和食指配合捏取物品的能力。

活动准备：若干小馒头饼干、一个盘子。

活动过程：(1) 教养人和婴儿并排坐在餐桌前。教养人取少量小馒头饼干放在盘子里，并对婴儿说："宝宝，这里有好多你爱吃的小馒头饼干，你想不想吃呀？"以此吸引婴儿的注意力。

(2) 教养人先向婴儿示范用拇指、食指和中指捏取小馒头饼干的动作：张开五指，弯曲小指和无名指，用拇指、食指和中指捏取小馒头饼干。然后引导婴儿做该动作。

(3) 当婴儿会用拇指、食指和中指捏取小馒头饼干后，教养人再向婴儿示范用拇指和食指捏小馒头饼干的动作：张开五指，弯曲小指、中指和无名指，用拇指和食指捏取小馒头饼干。然后引导婴儿做该动作。

指导要点：（1）初次训练时，如果婴儿是用整只手去抓盘子里的小馒头饼干，这时，教养人可以握住婴儿的手，协助婴儿用拇指、食指和中指或用拇指和食指捏取小馒头饼干。

（2）为了避免浪费食物，当婴儿成功用三指或两指捏起小馒头饼干后，教养人可以让婴儿吃掉小馒头饼干，当作奖励，如图 4-9 所示。

图 4-9　婴儿用三指捏起小馒头饼干放进嘴巴

3 握笔涂鸦

适宜月龄：12 月龄左右。

活动目标：锻炼婴儿的手部灵活性和手眼协调能力。

活动准备：白纸、不同颜色的蜡笔。

活动过程：（1）教养人和婴儿并排坐在书桌前。教养人将白纸铺在婴儿面前，然后拿起一支蜡笔，一边在白纸上画一条横线和一条竖线，一边告诉婴儿“这是横线”“这是竖线”。

（2）教养人递给婴儿一支蜡笔，引导婴儿全手掌握住蜡笔在纸上画线。

指导要点：（1）婴儿在握着蜡笔画线时，教养人不必要求婴儿能准确地画出横线或竖线，只要婴儿能握住画笔在纸上随意涂画，就应表扬婴儿。

（2）为了吸引婴儿涂画的兴趣，教养人可以让婴儿自主选择蜡笔进行涂画。

（二）认知活动的设计与指导

针对 7～12 月龄婴儿开展认知活动的主要目的是促进婴儿感知觉能力和记忆力的发展。适合 7～12 月龄婴儿开展的认知活动主要有感知觉训练活动、记忆训练活动等。在开展认知活动时，教养人需要耐心地引导和鼓励婴儿，让他们在轻松愉快的氛围中持续探索。下面列举了 2 个认知活动的设计方案和指导要点。

1 认识水果

适宜月龄：10～12 月龄。

活动目标：通过多种感官认识水果。

活动准备：苹果、香蕉、猕猴桃、火龙果等水果。

活动过程：（1）教养人将准备好的水果摆放在桌子上，然后和婴儿一起坐在桌子前。

（2）教养人拿起桌子上的任一水果递给婴儿，让婴儿看一看水果的外观、摸一摸水果的表皮、闻一闻水果的香味、尝一尝水果的味道，并告诉婴儿这个水果的名称、颜色、质地和味道（反复介绍几遍）。

（3）教养人按照上述形式逐一介绍其他水果。

指导要点：（1）婴儿认识了上述 4 种水果后，教养人可以教婴儿认识更多的水果。

（2）教养人可以将该活动延伸至日常生活中，如婴儿在吃水果之前，教养人可以引导其先看一看、摸一摸、闻一闻水果。

2 看图识物

适宜月龄：7～12 月龄。

活动目标：促进婴儿记忆力的发展。

活动准备：一个正方体的空盒子，盒子的 6 个面上分别粘贴 1 张彩色图片，如大树、天空、汽车、河流等。

活动过程：（1）教养人把盒子拿给婴儿，让婴儿随意转动。每当婴儿转到一个面后，教养人就告诉婴儿这一面上的图片内容，如“这是一辆汽车”“这是一棵大树”……以此让婴儿熟悉这 6 张图片。

（2）待婴儿熟悉每张图片后，教养人询问婴儿：“大树在哪里？你把它找出来吧！”引导婴儿转动盒子，找到大树的图片。之后，教养人发出不同的指令，鼓励婴儿指出相应的图片。

指导要点：（1）如果婴儿对某一张照片特别感兴趣，一直将注意力放在该照片上，教养人要引导婴儿转动盒子，观看其他照片。

（2）在婴儿转动盒子时，教养人要引导婴儿注意观察每一张图片，并介绍图片上的内容，以加深婴儿对图片的印象。

（三）语言活动的设计与指导

针对 7～12 月龄婴儿开展语言活动的主要目的是使婴儿理解常用词汇的含义，培养婴儿将实物与词汇建立关系的能力。适合 7～12 月龄婴儿开展的语言活动主要有语言理解训练活动和发音训练活动。教养人可以利用点读发声书、玩具电话等玩具开展活动。需要注意的是，在开展语言活动的过程中，教养人要引导婴儿耐心地倾听，并鼓励婴儿发出声音。下面列举了 3 个语言活动的设计方案和指导要点。

1 听说单词

适宜月龄： 7～12 月龄。

活动目标： 提高婴儿对常用词汇的理解和表达能力。

活动准备： 点读发声书。

活动过程： （1）教养人抱着婴儿坐在书桌前，并将发声书放在书桌上。

（2）教养人翻开发声书，并用点读笔轻轻地按压发声书上的词汇，使书里的发音器发出声音，以此来激发婴儿的兴趣。

（3）教养人一边读一些简单的常用词，一边引导婴儿跟读。

指导要点： （1）教养人可以引导婴儿自己翻页，以增加婴儿的参与感。

（2）教养人示范读时，口型可以略夸张一些，并让婴儿看着自己的口型。

2 打电话

适宜月龄： 10～12 月龄。

活动目标： 引导婴儿有意识地说出“爸爸”“妈妈”。

活动准备： 玩具电话、一张全家福照片。

活动过程： （1）早教老师给每位婴儿发一部玩具电话，组织家长和婴儿一起玩打电话的游戏。

（2）早教老师先向婴儿示范如何使用玩具电话，然后用简单的语言询问婴儿：“你想打电话给谁呢？是爸爸还是妈妈？”以此引导婴儿有意识地说出“爸爸”或“妈妈”。

（3）家长引导婴儿将电话放在耳朵旁，并询问婴儿“宝宝，我是谁呀？”，当婴儿发出“妈妈”的语音时，妈妈应该及时回应，让婴儿知道发出“妈妈”的语音就会得到妈妈的回应。

(4) 在婴儿能发出“妈妈”的语音后，妈妈再将全家福照片拿出来，先给婴儿介绍照片中哪一个人是爸爸，然后指着爸爸的图像问婴儿：“宝宝，这是谁呀？”以此引导婴儿发出“爸爸”的语音。

指导要点：(1) 早教老师应先为家长示范如何引导婴儿模仿发音，再让家长和婴儿一起开展游戏。

(2) 如果婴儿的发音正确，家长可以亲一亲婴儿，以示鼓励；如果婴儿的发音错误，家长应该纠正婴儿的发音。

3 按指令做事

适宜月龄：8～12 月龄。

活动目标：培养婴儿将实物与词汇建立关系的能力。

活动准备：棕色小猫、黑色小狗、黄色小鸭子等毛绒玩具。

活动过程：(1) 教养人将毛绒玩具摆放在桌子上，然后和婴儿一起坐在桌子前。

(2) 教养人指着小猫说：“这是一只棕色的小猫，小猫的嘴巴上有长长的胡须。”再指着小狗说：“这是一条黑色的小狗，小狗的耳朵是耷拉下来的。”最后指着小鸭子说：“这是一只黄色的小鸭子，小鸭子的嘴巴硬硬的。”

(3) 介绍完毕后，教养人发出拿取某个毛绒玩具的指令，引导婴儿把对应的玩具拿起来。

指导要点：(1) 如果婴儿没有拿取玩具的动作，教养人要用玩具吸引婴儿，并鼓励婴儿拿取。

(2) 如果教养人发出的指令是拿起小猫，而婴儿拿起的是小狗，这时，教养人要告诉婴儿他拿的是小狗，同时指着小猫告诉婴儿：“这是小猫，你看它的嘴巴上有胡须。”

（四）情绪情感的设计与指导

针对 7～12 月龄婴儿开展情绪情感活动的主要目的是使婴儿认识与表达基本情绪、促进情绪情感的社会化发展。适合 7～12 月龄婴儿开展的情绪情感活动主要是移情训练活动。在开展情绪情感活动时，教养人需要帮助婴儿认识不同的情绪，引导婴儿表达情绪。下面列举了 1 个情绪情感活动的设计方案和指导要点。

认识情绪宝宝

适宜月龄：6～12 月龄。

活动目标：识别高兴、生气、喜欢、悲伤、愤怒、恐惧等不同情绪情感。

活动准备：情绪情感图片。

活动过程：（1）教养人依次拿出情绪情感图片，并借助故事情节给婴儿介绍每张图片上的情绪情感。例如，在介绍生气的情绪情感时，教养人可以对婴儿说："小兔子的食物被大灰狼吃掉了，它很生气。你没有吃饭时，你会不会生气呀？"然后拿出生气的表情图片让婴儿观看并模仿。

（2）根据上述情节，融入其他情绪情感，向婴儿逐一介绍。

（3）全部介绍完毕后，教养人随机抽取一张情绪情感图片，让婴儿模仿图片上的表情。

指导要点：（1）在活动过程中，教养人可以通过语气变化，让婴儿感受不同的情绪情感。

（2）如果婴儿不会模仿图片上的表情，教养人可以做出相应的表情，让婴儿观看自己的表情并进行模仿。

模拟一堂早教课

作为一名早教老师，编写教案、设计教育活动方案、开展教学是最基本的工作任务。请同学们以小组为单位，以"7～12 月龄婴儿教育活动的设计与指导"为教学范围，举办一次模拟教学活动。

（1）将全班同学分成若干小组，每组 4～6 人。各组从以下 5 个早教课主题中任选一个主题设计教学方案。早教课主题如下：① 训练 7～12 月龄婴儿的粗大动作；② 训练 7～12 月龄婴儿的精细动作；③ 促进 7～12 月龄婴儿的语言发展水平；④ 提高 7～12 月龄婴儿的认知能力；⑤ 培养 7～12 月龄婴儿对情绪情感的识别能力。

（2）各组利用网络、专业书籍等搜集并整理相关资料，设计一份详细的教学方案，教学方案中至少包含 4 个活动设计方案。活动设计方案既要包括活动名称、适宜月龄、活动目标、活动准备、活动过程和指导要点，也要符合 7～12 月龄婴儿的发展水平和兴趣爱好。

（3）各组根据本组设计的教学方案，在组内模拟早教课，由 1～2 名同学扮演早教老师，其余同学扮演婴儿，每次模拟时间不超过 15 分钟。模拟结束后，组内成员进行讨论，对教学方案中不合理的地方进行调整。

（4）各组在班级内开展早教课模拟活动，其他小组进行点评，并就方案中的问题进行探讨。模拟活动结束后，各组根据其他小组提出的意见调整教学方案。

（5）各组采取自评、小组互评和教师评价相结合的方式，对活动的实施情况进行评价，并填写表 4-1。

表 4-1　活动实施评价表

评价标准	分值	评价得分		
		自评	互评	师评
具有较强的团队合作意识，组员配合良好，遇到问题能够积极探讨并提出解决方案	10			
教学方案结构完整、思路清晰、可操作性强	15			
活动目标合理、活动过程贴合主题，符合 7～12 月龄婴儿的发展水平	15			
活动内容丰富多彩、趣味性强	15			
模拟时讲解清晰，语言流畅	15			
能够恰当地评价其他小组的活动方案，提出的修改建议较为合理	15			
能够根据模拟过程中遇到的问题对教学方案进行调整，并能够根据其他小组成员的评价对教学方案进行优化与完善	15			

任务二　掌握 13～18 月龄幼儿教育活动的设计与指导

幼有所育

姗姗的儿子浩浩已经 13 个月了，浩浩奶奶每天都会带着浩浩去小区的儿童游乐场，让浩浩和同月龄的小朋友一起玩。姗姗认为小朋友们的免疫力比较低，聚在一起容易传染感冒等疾病，不愿意让奶奶带浩浩与小朋友们一起玩，还因此事和奶奶发生了争执。

问题与思考：上述案例中你赞同谁的做法？请说出你的理由。

一、13～18 月龄幼儿的身心发展特点

（一）动作发展

1. 粗大动作发展

13～18 月龄幼儿的行走技能得到了较好的发展。具体来讲，13～14 月龄的幼儿扶着栏杆、墙体或由成人牵着时能走得比较稳，但在不借助外力的情况下向前迈步时，幼儿的身体会不自觉地向前倾，且步幅不稳、忽大忽小，容易摔跤。15 月龄左右的幼儿在行走时能很好地控制步伐，且不再左右摇摆或惯性前冲，如图 4-10 所示。16～17 月龄的幼儿可以边走边拉着地上的玩具。18 月龄左右，幼儿行走的动作日趋协调，步伐更加流畅，速度不断提升，会出现快走的现象。

图 4-10　幼儿自如行走的姿势

此外，16～17 月龄的幼儿喜欢爬高爬低。18 月龄左右，由成人扶着幼儿的腋下向上提，幼儿的双脚能够跳离地面。

2. 精细动作发展

13～18 月龄，幼儿的五指逐渐分化，手部灵活性逐渐增强，他们能自如地摆弄小物体并探索其作用。具体来讲，15 月龄左右的幼儿能单手握笔在纸上自行乱画；能从敞口瓶中拿出或倒出瓶中的物体；能模仿成人做出翻书动作两次或以上；能模仿成人做出盖上圆盒盖的动作；会有意识地脱下自己的袜子。18 月龄左右的幼儿会使用勺子吃饭，如图 4-11 所示；能举手过肩扔球，但无方向；能模仿成人的动作在纸上用笔画出道道，起止自如，方向不限；能试着搭高四块或四块以上积木；能将积木放到他人指定的地方。

图 4-11　幼儿用勺子吃饭

（二）认知发展

1．感知觉发展

在视觉方面，13～18 月龄的幼儿能够通过配对和指认的方式找到相应的颜色。例如，成人拿着红色的积木，让幼儿从多种颜色的积木中找出和成人手中颜色一样的积木（配对），幼儿能正确找出红色积木。又如，让幼儿从多种颜色的积木中选出红色积木（指认），幼儿能正确选出红色的积木。

在听觉方面，13 月龄幼儿的听觉定位能力发展完善，能够根据声音的方位准确地找到声音来源；能够分辨出不同的声音，如动物的叫声、火车的鸣笛声、水的流动声等；身体能够跟随音乐的节奏做出动作。

在触觉方面，13～18 月龄幼儿探索物体的方式以手的触觉为主，以口腔触觉为辅。当幼儿看到一个物体后，他们会将物体握在手里摆弄，有时会放进嘴里咬一咬。

在形状知觉方面，13～18 月龄的幼儿能够识别圆形、正方形、三角形等物体，能够独自将这 3 种形状的积木放入嵌板上对应的凹槽内；能够拼合几何图形，如将两个半圆拼合为一个圆形等。

在空间知觉方面，13～18 月龄的幼儿能够分清前后方向。例如，妈妈指着小兔子玩具对幼儿说：“宝宝，小兔子在你前面。”幼儿就会朝前走，去找小兔子；妈妈对幼儿说：“宝宝，小兔子在你身后。”幼儿就会转过身，去找小兔子。此外，幼儿开始建立空间概念，如会去柜子里找衣服等。

2. 记忆发展

13～18 月龄幼儿的视觉记忆力不断发展。视觉记忆力即幼儿对看到的事物进行识记、保持和再现记忆的能力。例如，妈妈指着玩具车说："浩浩，这是一辆小汽车。"几天后，当妈妈指着玩具车问："这是什么？"时，浩浩能够回答"车车"或"汽车"。

3. 思维发展

13～18 月龄的幼儿有了初步的判断能力和推理能力，开始通过"试误（桑代克提出，即问题解决是一定情景和一定行为在多次联结中最终达到一定目的效果的学习行为）"的方式来解决问题。例如，幼儿想将三角形积木放入嵌板上对应的凹槽内，当发现无法放入时，幼儿会尝试着调整积木的角度，直到成功将三角形积木放入嵌板上对应的凹槽内。此外，13～18 月龄的幼儿能够理解简单的因果关系，如下雨天地面会变得湿滑等。

4. 注意发展

13 月龄左右，幼儿的有意注意（即有预定目的，需要付出一定意志努力的注意）逐渐形成，但注意力持续的时间不长且极不稳定，尚处于萌芽阶段。13～18 月龄的幼儿开始关注他人的行为，并进行模仿。例如，幼儿看到爸爸经常用电脑工作，只要打开电脑，幼儿便会模仿爸爸敲键盘的动作。

（三）语言发展

13～18 月龄幼儿的语言表达能力得到了进一步的发展，能够表达出来的词汇较之前有了明显的增长。到 15 月龄时，幼儿能有意识地说出 3～5 个字（"爸""妈"除外）；到 18 月龄时，幼儿能有意识地说出 10 个以上的单字或词汇（"爸""妈"除外）。同时，幼儿的语言理解能力也在不断发展。13～18 月龄的幼儿能够听懂更多的词汇，但对词义的理解不具有概括性，如认为"爸爸"仅指自己的爸爸。

此外，13～18 月龄幼儿的语言发展水平处于单词句阶段，他们时常用一个词表达一个句子，或用一个词代表某个物品。例如，用"水"表达"我要喝水"、用"糖"表达"我要吃糖"、用"滴滴"代表汽车、用"喵喵"代表猫等。13～18 月龄的幼儿还喜欢说重叠的字音，如球球、饭饭、衣衣、水水等。

如何读懂幼儿口中的"妈妈"

一天上午，妈妈看见飞飞玩套娃玩得十分投入，于是悄悄起身，准备去忙点家务。但是飞飞仿佛长了第三只眼睛，还没等妈妈迈出两步，他就满脸委屈地望着妈妈并大喊"妈妈、妈妈"，妈妈只好继续陪着飞飞一起玩。玩了一会儿，妈妈感觉很无聊，于是玩起了手机。飞飞看见妈妈玩手机后，一边拽着妈妈的胳膊一边喊"妈妈、妈妈"。

妈妈只好把手机放到了一旁。飞飞看见妈妈不玩手机后，又高兴地玩起了套娃。

分析

从上述案例可以看出，当幼儿说“妈妈”这个词时，他想表达的意思是不同的，可能是想让妈妈抱，也可能是想要吃东西或想要一个玩具。一般情况下，教养人应结合当下的情景，并把幼儿说话时附加的手势、表情、体态等作为参考因素，综合判断他们想要表达的意思。

（四）情绪情感与社会性发展

1. 情绪情感的发展

13～18 月龄的幼儿开始出现羞愧、自豪、骄傲、同情、内疚等复杂的情绪。例如，当幼儿做出了一些伤害他人的行为（如推倒他人、摔坏他人的东西）时，幼儿会出现内疚的情绪。此外，该月龄段的幼儿会用肢体动作来表达自己的情绪，如高兴时会手舞足蹈、不开心时会摆摆手等。

2. 社会性发展

在人际交往方面，13～18 月龄幼儿的人际交往方式主要有亲子交往和同伴交往两种。从亲子交往的角度来看，幼儿仍然处于对主要教养人的依恋阶段，尤其是对母亲的依恋。当依恋对象离开时，幼儿会感到焦虑和难过。从同伴交往的角度来看，幼儿开始对同龄人产生兴趣，能够与同伴在同一个空间里玩耍，但通常是各玩各的，在此期间他们也会观察和模仿同伴的行为。例如，天天正在玩拼图，当看到身边的乐乐在玩小汽车时，他就会丢下自己手中的拼图，去玩小汽车。同时，幼儿之间的交往开始出现相互应答的行为，即一个幼儿的社交行为会引起另一个幼儿的回应。例如，一个幼儿递玩具给另一个幼儿时，另一个幼儿会伸手去接玩具。

在自我意识方面，13～18 月龄幼儿的自我意识处于初步发展的阶段，他们总是以自我为中心，无法理解他人的想法，认为每个人的想法都和自己的想法一样。

玩积木

15 月龄的晨晨和 3 岁的姐姐一起在客厅的地板上玩积木。晨晨将积木一块一块地平铺在地板上，铺到一半时，晨晨看到姐姐正拿着积木搭高，便停下了手中的动作，也拿着一块积木放在了另一块上面。姐姐看到晨晨在模仿她的行为后，朝着晨晨笑了笑，晨晨也朝着姐姐笑了笑。

分析

在这个案例中，晨晨在看到姐姐搭积木后，便开始模仿姐姐的行为，这种交往形式是 13～18 月龄幼儿的典型行为。此外，晨晨在玩积木的过程中，虽然没有与姐姐进行语言交流或动作互动，但是在看到姐姐冲自己微笑后，也用微笑来回应，这展现出了该月龄段的幼儿开始出现带有应答性特征的交往行为。

二、13～18 月龄幼儿教育活动的设计与指导要点

（一）动作活动的设计与指导

适合 13～18 月龄幼儿开展的动作活动主要有行走训练活动、爬高爬低训练活动、取放物训练活动、翻书训练活动、搭高训练活动和套圈训练活动。教养人可以利用拖拉玩具、雪花片、积木、幼儿图书、不倒翁套塔等开展活动。需要注意的是，在活动过程中，教养人需要密切监督和照顾幼儿，以防止幼儿跌伤、碰伤。

1. 粗大动作的活动设计与指导

针对 13～18 月龄幼儿开展粗大动作活动的主要目的是锻炼婴儿行走能力、手脚配合爬高爬低的能力，增强腿部的肌肉力量，可通过逗引走、拖物走、爬高爬低、扶腋上下楼梯等训练来实现。下面列举了 4 个粗大动作活动的设计方案和指导要点。

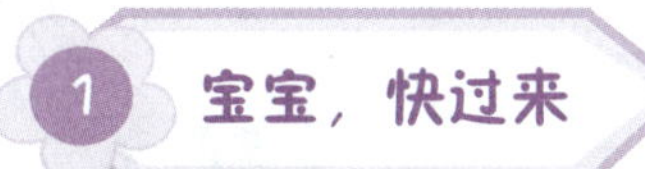

1 宝宝，快过来

适宜月龄： 12～14 月龄。

活动目标： 锻炼幼儿从站起来到独自行走的能力。

活动准备： 幼儿喜欢的玩具。

活动过程：（1）让幼儿坐在干净的地板上独自玩玩具。

（2）教养人拿着幼儿喜欢的其他玩具，在幼儿面前晃动，以吸引幼儿的注意。

（3）当幼儿站起来后，教养人向后退到距离幼儿稍远的位置，继续晃动玩具，并对幼儿说：“宝宝，快到这里来拿玩具。”引导幼儿走向自己。

指导要点：（1）当幼儿坐在地板上伸手拿玩具时，教养人可以将玩具举高，以拉开玩具与幼儿的距离，并用语言引导幼儿慢慢站起来去拿玩具。

（2）当幼儿站起来后，教养人也可以蹲在幼儿的前面，张开双臂，用语言逗引幼儿走向自己，如图 4-12 所示。

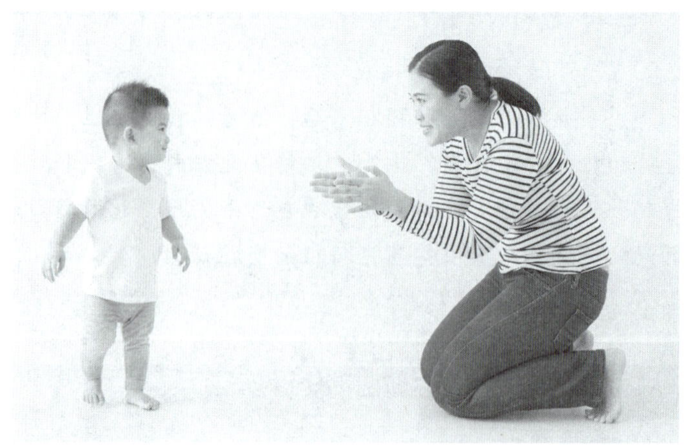

图 4-12　逗引幼儿行走

2 拉着拖拉玩具行走

适宜月龄： 13～16 月龄。

活动目标： 锻炼幼儿拖拉物体行走的能力。

活动准备： 拖拉玩具。

活动过程： （1）教养人拉着拖拉玩具在幼儿前面走，边走边引导幼儿在后面追。

（2）教养人与幼儿互换位置，让幼儿拉着拖拉玩具在前面走（见图 4-13），教养人在后面追。

图 4-13　幼儿拉着拖拉玩具行走

指导要点：（1）如果幼儿行走的速度较慢，教养人要根据幼儿行走的速度调整自己的步伐。

（2）当幼儿拉着拖拉玩具行走时，教养人要提醒幼儿注意脚下是否有障碍物。

3 爬沙发

适宜月龄：11～15月龄。

活动目标：锻炼幼儿手脚配合爬高爬低的能力。

活动准备：沙发、幼儿喜欢的玩具。

活动过程：（1）教养人在沙发上放一些幼儿喜欢的玩具，引导幼儿双手用力按住沙发的表面，爬上沙发去拿玩具。

（2）当幼儿成功爬上沙发后，教养人可以站在距离幼儿稍远的位置，用其他玩具吸引幼儿的注意，让幼儿从沙发上爬下来拿玩具。

指导要点：（1）如果幼儿尝试了几次都没有爬上沙发，而幼儿的双脚已经离开了地面（见图 4-14），此时，教养人要用双手抵住幼儿双脚的脚心轻轻地往上推，帮助幼儿爬上沙发。

图 4-14 幼儿的双脚离开地面

（2）当幼儿爬下沙发时，教养人要引导幼儿头部朝向沙发里面，双脚放在沙发外沿，退着往下爬。

4 扶腋上下楼梯

适宜月龄：13～18 月龄。

活动目标：锻炼幼儿的腿部肌肉力量，提高幼儿的动作协调性。

活动准备：带扶手的楼梯、幼儿喜欢的玩具。

如何在家练习上下楼梯

活动过程：（1）教养人将幼儿喜欢的玩具放在楼梯上，并指着玩具对幼儿说："宝宝，你的玩具怎么躺在楼梯上了？它好可怜，你快点去抱抱它吧！"以此激发幼儿上楼梯拿回玩具的意愿。

（2）教养人站在幼儿身后扶着幼儿的腋下，引导幼儿用手扶着楼梯的扶手，双脚交替向上上一阶台阶，如图 4-15 所示。待幼儿双脚站稳后，再引导其继续上一阶台阶，直到拿到玩具。

图 4-15 幼儿上下楼梯

（3）幼儿拿到玩具后，教养人站在幼儿前方扶着幼儿的腋下，用上述方式引导幼儿下楼梯。

指导要点：（1）当幼儿的双脚迈上了一级台阶，教养人要等到幼儿站稳后，再引导其继续上一级台阶。

（2）在幼儿上下楼梯的过程中，如果幼儿的注意力完全集中在玩具上，教养人要提醒幼儿注意脚下。

2．精细动作的活动设计与指导

针对 13～18 月龄幼儿开展精细动作活动的主要目的是训练婴儿双手的灵活性和手眼协调能力，可通过取放物训练活动、翻书训练活动、搭高训练活动和套圈训练活动来实现。下面列举了 4 个精细动作活动的设计方案和指导要点。

1 看谁捡得多

适宜月龄： 13～16 月龄。

活动目标： 训练幼儿的手眼协调能力。

活动准备： 若干雪花片（见图 4-16）、若干敞口瓶。

图 4-16 雪花片

活动过程：（1）早教老师拿出雪花片，并对幼儿说："小朋友们，今天我们玩'捡雪花'的游戏。"

（2）早教老师将两个雪花片放在地上，然后向幼儿示范游戏动作——蹲下，用拇指和食指捏起地上的雪花片，并将其放进敞口瓶里。

（3）早教老师给每位幼儿分发一个敞口瓶，然后将所有的雪花片分散地撒在教室里。

（4）早教老师引导幼儿开始捡雪花片。3 分钟后，早教老师鼓励幼儿将敞口瓶中的雪花片拿出来，并让家长带着幼儿一起数雪花片的数量。

指导要点：（1）如果个别幼儿在看完早教老师的示范后仍不能自己捡起雪花片，早教老师可以让他们观看其他幼儿是怎么做的，再尝试自己捡雪花片。

（2）如果幼儿能熟练地把雪花片放入敞口瓶中，早教老师可以把敞口瓶换成瓶口比较小的容器，并且把雪花片换成体积较小的物品，让幼儿继续练习。

2 翻书

适宜月龄：13～15 月龄。

活动目标：锻炼幼儿的手指灵活性。

活动准备：一本幼儿图书。

活动过程：（1）教养人拿出图书对幼儿说：“看书喽！”然后把图书翻至某页，指认图书上的小动物，如小猫、小狗、乌龟、兔子等，以此引起幼儿的兴趣。

（2）当幼儿的注意力集中在书上时，教养人把书合上，说：“小猫不见了，宝宝把小猫找出来吧！”然后向幼儿示范翻书的动作，即用拇指和食指捏住书页的右下角提起来并翻过去。

（3）教养人鼓励幼儿尝试自己翻书，如图 4-17 所示。当幼儿成功翻开图书后，教养人可以给幼儿讲一讲图书上的内容。

图 4-17　幼儿翻书

指导要点：（1）初次训练时，幼儿刚开始只能打开书、合上书，渐渐地会一次翻几页书。教养人不要急于教幼儿一页一页地翻书，重要的是让幼儿对翻书产生兴趣。

（2）这一时期，无论幼儿是用一只手翻书还是用两只手翻书，只要翻书的动作是协调的，且能把书翻开，教养人就不要强行干预。

3 套圈叠叠乐

适宜月龄：13～15 月龄。

活动目标：锻炼幼儿的手眼协调能力，增强幼儿手指的灵活性。

活动准备：套圈玩具。

活动过程：（1）让幼儿坐在床上或地毯上，教养人将套圈玩具放在幼儿面前，并向幼儿示范将套圈套在套杆上的动作：左手扶着套杆的底部，右手拿起一个套圈，将套圈的洞孔处对准套杆往下套。

（2）教养人引导幼儿自己尝试将套圈一个接一个地套在套杆上。

（3）当幼儿把套圈套在套杆上后，教养人可以表扬幼儿："宝宝真厉害，套得真准！"以此提高幼儿的自信心，激发幼儿继续套圈的兴致。

指导要点：（1）初次训练时，如果幼儿尝试多次依旧不能将套圈套在套杆上，教养人可以让幼儿拿着套圈，自己拿着套杆，并让杆头对准套圈的洞孔处，协助幼儿将套圈套在套杆上，如图 4-18 所示。

图 4-18　幼儿套圈

（2）如果幼儿能够熟练地将套圈套在套杆上，教养人可以引导幼儿按照从小到大的顺序或从大到小的顺序，将套圈有序地套在套杆上。

4 搭积木

适宜月龄：15～18月龄。

活动目标：锻炼幼儿的手眼协调能力，培养幼儿的空间感。

活动准备：方形积木若干。

活动过程：（1）教养人带领幼儿前往积木区，对幼儿说："宝宝，我们一起来搭一座'城堡'吧！"

（2）教养人为幼儿演示如何将积木一块接一块地搭起来。

（3）教养人引导幼儿自己动手搭积木，如果幼儿因搭得不整齐而始终搭不高时，教养人可以给予幼儿一些提示和帮助，如"这块积木放在这里，'城堡'才会变高哦"，如图4-19所示。

图4-19 幼儿搭积木

（4）当幼儿成功将积木搭高后，教养人可以对幼儿说："宝宝，你真棒！你建造了一座美丽的'城堡'！"

指导要点：在活动过程中，教养人可以给予幼儿一些提示和帮助，但不要过多干预幼儿的行为，而应让幼儿自由地发挥想象力和创造力。

（二）认知活动的设计与指导

针对13～18月龄幼儿开展认知活动的主要目的是提高幼儿指认能力和对形状的感知能力。适合13～18月龄幼儿开展的认知活动有指认身体部位的活动、认识形状的活动等。

需要注意的是，在开展认知活动时，教养人要引导幼儿多观察，在观察的基础上提高认知能力。下面列举了 2 个认知活动的设计方案和指导要点。

1 指认身体部位

适宜月龄： 12～18 月龄。

活动目标： 训练幼儿认识身体部位。

活动准备： 布娃娃。

活动过程： （1）教养人拿出布娃娃，并指着布娃娃的眼睛向幼儿介绍。

（2）介绍完毕后，教养人对幼儿说：“宝宝也来指一指，布娃娃的眼睛在哪里？”引导幼儿进行指认。

（3）教养人观察幼儿能否指认正确。如果幼儿指认错误，教养人可以扶着幼儿的手指进行指认。

（4）待幼儿能够正确指认眼睛后，教养人按照上述方法依次带领幼儿认识布娃娃的嘴巴、鼻子、耳朵、手、脚等身体部位。指认完布娃娃的身体部位后，教养人可以引导幼儿依次指出自己对应的身体部位。

指导要点： （1）初次训练时，教养人可以说一个部位让幼儿指认一个部位。随着幼儿熟练程度的加强，教养人一次可以说 2～3 个部位，让幼儿连续指认。

（2）在活动过程中，教养人不要强调左右，如布娃娃的左手在哪里、摸摸你的左耳朵等，因为该月龄段的幼儿对左右还没有认知。

2 有趣的镶嵌板

适宜月龄： 12～18 月龄。

活动目标： 巩固幼儿对圆形、椭圆形、三角形、正方形和长方形的认知，培养幼儿的图形配对能力。

活动准备： 几何图形嵌板，如图 4-20 所示。

活动过程： （1）教养人与幼儿面对面坐在地毯上，将几何图形嵌板放在两人中间。

（2）教养人依次拿起不同形状的积木，并给幼儿介绍每个图形的名称，然后指一指嵌板上的凹槽，将不同形状的积木放入对应的凹槽内。

（3）教养人取出嵌板上的所有积木，然后用手指着嵌板对幼儿说：“宝宝，这里是积木的家，请帮这些积木找到自己的家吧！”让幼儿自己动手将不同形状的积木放入嵌板上对应的凹槽内。

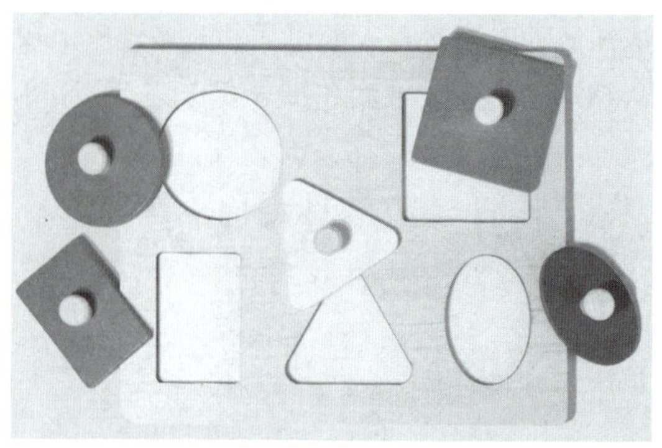

图 4-20　几何图形嵌板

指导要点：(1) 如果幼儿在反复尝试后仍然不能将几何图形放在指定的位置，教养人可以轻握幼儿的手，帮助幼儿将不同形状的积木放入嵌板上对应的凹槽内。

(2) 在活动过程中，教养人可以引导幼儿寻找空间内的圆形、椭圆形、三角形、正方形和长方形的物体，以加深幼儿对形状的感知。

（三）语言活动的设计与指导

针对 13～18 月龄幼儿开展语言活动的主要目的是锻炼幼儿用单词句表达的能力，巩固对声音的辨别能力。适合 13～18 月龄幼儿开展的语言活动有接背儿歌活动、听音辨物活动等。需要注意的是，教养人在与幼儿交流时要规范用语、吐字清楚、发音准确，尽量避免使用“妈妈语”。下面列举了 2 个语言活动的设计方案和指导要点。

1 大白鹅

适宜月龄：12～18 月龄。

活动目标：锻炼幼儿接说儿歌的能力。

活动准备：儿歌《大白鹅》。

大白鹅

大白鹅，大白鹅，
不脱衣服就下河。
荡起水花一片片，
好像白莲一朵朵。

活动过程：(1) 教养人和幼儿面对面坐着，面带微笑为幼儿朗诵儿歌《大白鹅》。

(2) 教养人在念到每句话的倒数第二个字时稍稍停顿，并引导幼儿接说“鹅”“河”“片”“朵”4 个字。

指导要点：（1）在幼儿接说之前，教养人应先让幼儿反复倾听《大白鹅》儿歌。

（2）在活动过程中，教养人要注意纠正幼儿的错误发音，对于幼儿发音不清楚的地方，教养人要带领幼儿多读几遍。

知识拓展

妈妈语

大多数成人在对婴幼儿说话时常常会放慢说话速度，提高音调，一遍又一遍地重复同样的字，这就是所谓的“妈妈语”，如“洗脸脸”“穿衣衣”“吃果果”等。

那么，成人经常用这种语言和婴幼儿说话，对婴幼儿的语言能力发展有帮助吗？心理学家认为，尽管这种说话方式听起来十分愚笨，但用来刺激 1 岁前婴儿的听力是比较适合的。高声调和单字连读会让婴幼儿更容易区分话语的不同部分，音节之间的差异在起伏的频率中能更好地体现出来。此外，放慢说话的速度也便于婴幼儿对听到的语言进行加工处理。

但是，在幼儿 1 岁之后，如果成人还用这种腔调和幼儿说话，则会阻碍幼儿的语言发展水平。因此，对于 1 岁以后的幼儿，成人在日常生活中应尽量减少使用“妈妈语”，而是用正常的语言与他们交流，以刺激他们的语言理解能力和接收能力，为其以后的语言发展奠定基础。例如，当幼儿指着汽车说“嘀嘀”时，成人应该回应“小汽车”；当幼儿看着饭说“饭饭”时，成人应回应“吃饭”。

2 谁的声音

适宜月龄：12～18 月龄。

活动目标：学会辨别不同的声音。

活动准备：用录音机录下各种动物的叫声，以及对应的动物图片。

活动过程：（1）教养人打开录音机。当录音机里响起“汪汪汪”的声音时，教养人拿出小狗的图片，并告诉幼儿“这是小狗的叫声”。教养人按照此方法逐一向幼儿介绍其他动物的叫声。

（2）重复几次后，教养人将所有图片随意摆放在桌子上，并引导幼儿说出录音机里是哪个动物发出的声音。例如，当录音机里响起“喵喵喵”的声音时，教养人问幼儿：“宝宝，你听听是谁在叫？是小猫吗？小猫在哪里？”

（3）如果幼儿答对了，教养人要称赞幼儿。如果幼儿答错了，教养人也不要呵斥幼儿，而要耐心地引导幼儿。

指导要点：（1）教养人可以在录音机发出动物的叫声后，再跟着模仿一下动物的叫声，让幼儿观察自己的口型，以加深幼儿对该叫声的理解。

（2）如果幼儿只是用手指着相应的图片而不说话，教养人要鼓励和引导幼儿发音。

（四）情绪情感与社会性活动的设计与指导

针对 13～18 月龄幼儿开展情绪情感与社会性活动的主要目的是帮助幼儿识别情绪情感、恰当地表达情绪情感，以及学会与他人交往。适合 13～18 月龄幼儿开展的情绪情感与社会性活动有观看情绪视频的活动、交往技能训练活动等。在开展情绪情感与社会性活动时，教养人需要多为幼儿创造与同伴一起玩耍的机会，让幼儿体验与他人共同游戏带来的乐趣。下面列举了 3 个情绪情感与社会性活动的设计方案和指导要点。

1 扮鬼脸

适宜月龄：12～18 月龄。

活动目标：识别更多复杂的情绪情感。

活动准备：情绪情感拼图，如图 4-21 所示。

图 4-21　情绪情感拼图

活动过程：（1）教养人与幼儿面对面坐在地毯上，将情绪拼图放在两人中间。

（2）教养人先示范拼出愤怒的表情，并发出疑问：“这是什么表情？”然后自答“原来是愤怒的表情呀！宝宝愤怒时会怎么做？”引导幼儿照着拼图的表情做一做。

（3）教养人鼓励幼儿自己动手拼出一些表情，然后询问幼儿：“惊讶的表情在哪里？”引导幼儿指一指对应的表情。

指导要点：（1）如果幼儿不会做所拼出的表情，教养人要示范如何做，且示范时表情要夸张，让幼儿仔细观察。

（2）如果幼儿不能按照教养人的口令正确指认出对应的表情，教养人需要告诉幼儿他指出的是什么表情，并指一指口令中的表情是哪一个。

2 观看情绪情感视频

适宜月龄：12～18 月龄。

活动目标：学会恰当地表达情绪情感。

活动准备：一段具有故事情节的视频，视频中包含羞愧、自豪、同情、内疚等复杂的情绪情感。

活动过程：（1）教养人打开准备好的视频，和幼儿一起反复观看。

（2）教养人预设可以表达不同情绪情感的场景，让幼儿在具体的场景中表达情绪情感。例如，教养人让幼儿玩“瓶盖配对”的游戏，当幼儿能够将瓶盖拧在瓶口上时，教养人要夸赞幼儿，并观察幼儿是否表达出了自豪的情绪情感。

指导要点：（1）幼儿在观看情绪情感视频时，教养人可以给幼儿讲述每种情绪情感应该在什么情况下表达，以及如何表达。

（2）当幼儿能够正确地表达出不同的情绪情感时，教养人要表扬和鼓励幼儿。

3 与同伴一起玩

适宜月龄：12～18 月龄。

活动目标：提高幼儿的社会交往能力。

活动准备：幼儿喜欢的玩具。

活动过程：（1）教养人邀请与自家孩子年龄相仿的小伙伴到家里玩，并向幼儿相互介绍彼此，让幼儿与对方握手或拥抱对方，表示欢迎。

（2）教养人将玩具放在地毯上，引导幼儿一起玩耍。教养人在旁边观察幼儿的行为，并适时给予指导。例如，当浩浩的小推车可能会撞上果果搭的积木时，教养人要提醒浩浩：“浩浩，你把小推车往这边推一点，绕过果果搭的积木，如果你不小心撞倒了果果搭的积木，果果会伤心的。”以此引导幼儿学会不破坏对方的成果。

（3）当小伙伴要回自己的家时，教养人要引导幼儿与对方挥手，表示再见。

指导要点：（1）如果幼儿的行为可能会对同伴产生影响，教养人要及时提醒幼儿。

（2）如果幼儿之间发生争抢玩具的现象，教养人要及时制止幼儿的争抢行为。

课堂互动

某早教机构的李老师具有丰富的经验，非常善于设计并指导婴幼儿开展活动。一天，她接待了一位特殊的家长，说要替自己的孩子办理退学。李老师询问原因时，那位家长说："我交了那么多钱送孩子来早教机构是让他来学习的，不是天天来玩的，你设计的这些活动，我们家长也能教给孩子做！"

思考：如果你是李老师，你会如何与该家长沟通？请大家从早教机构为婴幼儿开展集体活动的作用出发阐述自己的观点。

躬体力行

为 13～18 月龄幼儿设计一份集体活动方案

在早教机构中，集体活动是一种十分常见的活动形式。集体活动不仅可以让幼儿体验丰富多彩的活动类型，而且可以增强幼儿与他人交往的意愿。请同学们以小组为单位，向早教机构的老师了解与集体活动相关的内容，然后结合 13～18 月龄幼儿的身心发展特点，为幼儿设计一份集体活动方案。

（1）将全班同学分成若干小组，每组 4～6 人。各组任选一家早教机构，选择一位早教老师作为访谈对象，以便了解早教机构是如何开展集体活动的。访谈问题包括但不限于以下几点：① 在设计集体活动方案时需要考虑哪些问题？② 集体活动的时间是如何安排的？③ 在开展集体活动的过程中经常遇到哪些问题？这些问题是如何解决的？

（2）各组成员分工协作，查找相关资料，补充访谈问题。各组组长提前与早教老师沟通访谈的时间、地点和形式（线上或线下），并安排每位成员的具体任务（采访者、记录者、拍摄者等）。

（3）访谈当天，各组成员提前达到访谈地点。在访谈过程中，各组成员按照各自的任务开展访谈，并将访谈情况记录在表 4-2 中。

表 4-2 访谈记录表

访谈对象	姓名：________ 所在机构：____________ 教龄：________
访谈方式	□电话访谈 □面对面访谈
访谈内容	访谈问题及访谈对象的回答：

（4）各组对访谈内容进行整理，并结合网络和书籍上的相关资料，协助访谈对象为 13～18 月龄的幼儿设计一份集体活动方案。

（5）各组再次联系访谈对象，并将集体活动方案的电子版发给对方，请他们提出一些修改意见或建议。各组根据访谈对象的反馈进一步改进活动方案。集体活动方案定稿后，请访谈对象在早教机构内实施活动方案，并反馈实施效果。

（6）各组选出一名代表汇报本组的活动成果（小组成员可补充发言），全班同学共同交流各组设计的集体活动方案的思路和要点，分享各组设计的集体活动方案在早教机构中的实施效果。

（7）各组采取自评、小组互评和教师评价相结合的方式，对活动的实施情况进行评价，并填写表 4-3。

表 4-3　活动实施评价表

评价标准	分值	评价得分		
		自评	互评	师评
具有较强的团队合作意识，组员配合良好，遇到问题能够积极探讨并提出解决方案	10			
访谈问题设计合理，问题具体且有针对性，有助于后期设计集体活动方案	20			
访谈时，能准确、恰当地进行提问；访谈后，能对访谈中的重点内容进行提炼	20			
设计的集体活动方案合理、趣味性强，具有可操作性和安全性	20			
能够根据早教老师的建议，对教育活动方案进行调整，使活动方案更加合理	20			
活动方案的实施效果良好，能够起到教育作用	10			

筑梦灯塔

爱撒早教事业，情系民族未来

王志敏毕业于东北师范大学教育学专业，于 2003 年创办吉林省育婴职业培训学校。创业初期，很少有人了解这个行业，甚至不少人对这个行业产生了质疑，但王志敏并没有放弃。她明白，创业就是打破传统思想、开拓创新的过程，需要极强的意志力。对于创业的艰苦，尽管王志敏早有思想准备，但实际工作中遇到的困难远远超出她的想象。她遇到的第一个困难就是招生难，3 个月仅招收了 12 人。

2003 年 11 月，王志敏开设了第一期育婴师培训班。她从各个高校、妇幼保健院邀请专家来授课。但学生的素质参差不齐，专家们向王志敏反映了教学中的各种问题，有些专家甚至不再愿意来授课。王志敏不得不一边挽留专家，一边做学生的工作，最终完成了一个月的培训任务。

为了区别育婴师与保姆的不同，也为了树立学员们的自信，王志敏在招聘市场上将育婴师的月工资定为 700 元。当时，在长春市聘请一个保姆的价位是每月 400 元。由于许多家长对早期教育的重要性还没有认识，对于较高的育婴师收费也不接受。王志敏只好发动亲戚朋友，几经周折才把大部分学员安置到了工作岗位上。可是不到 10 天，育婴师陆续被家长遣返。原因是，育婴师的婴儿护理水平没有达到家长的预期。此外，有一部分育婴师觉得家长们不够尊重自己而主动放弃了这份工作。面对这样的处境，跟着王志敏一起干的员工纷纷辞职，整个育婴职业培训学校只剩下她一个人。面临困境，王志敏

无数次地问自己，是应该放弃，还是应该坚持。迷茫、无助的她找到自己的恩师冯志坚教授，并向他诉说了自己的处境。冯志坚教授对她说："志敏，坚持住！孩子需要早期教育、家长需要科学指导、中国需要专业育婴师！"几天后，王志敏再次回到仅剩她一人的学校，凭借着自己对早教事业的热爱，以及对早教行业发展的坚定信心，她重新开始工作。

经过一番摸爬滚打，王志敏总结出了一套比较成熟的培训模式。为了使培训出来的育婴师在市场上站稳脚跟，她把毕业学员全部留校，实行员工制管理，由学校跟家长签约，再派育婴师入户服务。为了提高学校的知名度和信誉，王志敏聘请了6位拥有国家级考评证书的专业人士组建成一支师资队伍，这些人的加入进一步提升了教学质量。慢慢地，学校有了声誉，被吉林省人力资源和社会保障部确立为"吉林省育婴职业技能鉴定基地"。

在早期教育领域，创新和探索是永无止境的。王志敏在做早期教育的过程中已经深深地爱上了这个行业，并时刻感觉自己在承担着一份关乎国家未来的责任，于是她不断地学习国内外婴幼儿早教知识，时刻关注行业发展态势，坚持科研与实践并行。她带领团队在业务上不断钻研，以扎实的学术研究和先进的理念作为事业发展的支撑，其团队先后出版了《早教师保教活动指南》《0～3 岁婴幼儿家庭教育指导方案》等一系列早教图书。此外，王志敏团队也承接了多个科研课题项目，如"长春市早期教育研究"课题、"长春市育婴师行业发展对策研究"课题等。

经过十几年的发展，吉林省育婴职业培训学校已初步发展为集育婴职业培训、考核鉴定、家庭育婴服务、婴幼儿早期教育、教学技术研发于一体的教育机构。由于王志敏创办的早教机构解决了很多人的就业问题，王志敏曾两次被国务院评为"全国创业之星"。

项目综合训练

一、选择题

1．下列选项中，不适合 7～12 月龄婴儿开展的活动是（　　）。

A．独坐取物　　B．握笔涂鸦

C．爬沙发　　D．看图识物

2．下列选项中，关于 7～12 月龄婴儿认知发展的描述不正确的是（　　）。

A．在听到外界的声音时，会立刻转头寻找声源

B．记忆缺乏目的性，以无意记忆为主

C．9 月龄以后，婴儿开始建立客体永久性观念

D．10 月龄以后，婴儿开始出现想象的萌芽

3．下列选项中，关于 7～12 月龄婴儿情绪情感发展的描述不正确的是（　　）。

A．开始出现羞愧、自豪、骄傲、同情、内疚等复杂的情绪

B．能够从他人的面部表情中辨别出高兴、难过、生气等基本情绪

C．出现陌生人焦虑和分离焦虑

D．情绪控制能力较弱，且情绪极易受到外界环境的影响

4．下列选项中，不适合 13～18 月龄幼儿开展的活动是（　　）。

A．拖拉玩具行走　　B．扶腋上下楼梯

C．指认身体部位　　D．听音寻人

5．下列选项中，关于 13～18 月龄幼儿语言发展的描述不正确的是（　　）。

A．处于单词句阶段　　B．会自发提出问题

C．喜欢说重叠的字音　　D．对词义的理解不具有概括性

二、判断题

1．7～9 月龄的婴儿能听懂教养人发出的一些简单的、常用的指令，并能按照指令行事。（　　）

2．7 月龄左右，婴儿可以借助动作来表达自己的意愿。（　　）

3．婴儿的爬行动作应按照腹部贴地爬行、手膝爬行、手足爬行三个阶段开展训练。（　　）

4．13～18 月龄的幼儿能够识别圆形、正方形、三角形等物体。（　　）

5．13～18 月龄的幼儿已具备想象的能力，能够通过动作和语言来表现想象的内容。（　　）

三、简答题

1．简述婴儿依恋的类型。

2. 简述 13～18 月龄幼儿的精细动作发展特点。

3. 简述 13～18 月龄幼儿在人际交往方面的发展特点。

项目五

19～36 月龄幼儿教育活动的设计与指导

项目导读

19～36 月龄是幼儿成长过程中的重要阶段，该阶段幼儿各方面的综合能力得到了快速提升。本项目详细介绍了 19～24 月龄、25～36 月龄幼儿的身心发展特点，并分别列举了能够促进 19～24 月龄、25～36 月龄幼儿动作发展、认知发展、语言发展、情绪情感与社会性发展的教育活动实例。

学习目标

知识目标：

- 了解 19～24 月龄、25～36 月龄幼儿的身心发展特点。
- 掌握 19～24 月龄、25～36 月龄幼儿教育活动的设计与指导要点。

技能目标：

- 能结合 19～24 月龄、25～36 月龄幼儿的身心发展特点设计相应的教育活动，并能根据幼儿在活动中的具体表现进行科学的指导。
- 能发挥自己的专业优势，解决幼儿与同伴之间发生的冲突。

素质目标：

- 培养多角度思考问题的意识，具备触类旁通、举一反三的能力。
- 培养科学探索精神，以正确的教养知识促进幼儿的全面发展。

任务一 掌握 19～24 月龄幼儿教育活动的设计与指导

幼有所育

1 岁零 8 个月的果果被妈妈送去早教机构上课。第一次上课时，果果妈妈发现，与果果年龄相仿的孩子都能够独自扶着栏杆两步一级地上楼梯了，而果果还需要成人牵着才敢上楼梯。于是，课间休息时，妈妈把果果带到了楼梯间让她练习独自上楼梯。然而，不管妈妈如何劝说，果果就是不肯自己上去，并且开始大声哭闹。果果妈妈怕影响其他小朋友，只好带着果果去自由活动区玩她喜欢的玩具。

问题与思考：如果你是早教机构的老师，你会如何训练果果独自上下楼梯?

一、19～24 月龄幼儿的身心发展特点

（一）动作发展

1. 粗大动作发展

19～24 月龄的幼儿走、跑、跳、上下楼梯等粗大动作得到了较好的发展。具体来讲，19～24 月龄的幼儿逐渐适应独自行走，他们不仅可以变换方向走，还可以在成人的帮助下走斜坡和跨越障碍物。当幼儿独走自如时，他们会开始尝试向前跑几小步，但步伐不稳且动作僵硬。通常在 24 月龄左右，幼儿才能掌握跑的动作，但此时他们还不能迅速起跑，也无法自己停下来。

这一时期，幼儿还掌握了跳的动作。21 月龄左右，幼儿能够扶着物体向上跳；24 月龄左右，幼儿能够双脚同时离开地面向上跳。此外，24 月龄的幼儿已经掌握了上下楼梯的动作，能扶着楼梯的扶手熟练地上 3 阶以上台阶。

2. 精细动作发展

19～24 月龄幼儿的手眼协调能力进一步发展，他们会使用双手尝试完成更为复杂的动作。具体来讲，21 月龄的幼儿能够将线穿过大小为 0.5 厘米以上的扣眼，也能够模仿拉衣服上的拉链，还能够搭高 7～8 块积木，如图 5-1 所示。到了 24 月龄，幼儿可以将线穿过扣眼，并能够将线拉出来；他们会用手捻书页，一页一页地翻书，且能够连续翻 3 页或更多页。

图 5-1　幼儿搭积木

（二）认知发展

1．感知觉发展

19～24 月龄幼儿的视觉敏锐度逐渐提高，能够认识一些基本颜色，如红色、黄色、蓝色、绿色等，但还无法准确地说出它们的名称。这一时期，幼儿的形状知觉进一步发展，能够识别长方形、椭圆形、半圆形等形状。此外，幼儿的触觉感知重心从用口吮吸转移到了用手触摸上。当看到陌生的物品时，幼儿会用手反复摆弄它们以满足自己的好奇心。

2．记忆发展

19～24 月龄幼儿的记忆受环境的影响，通常看到什么就记忆什么，但对记忆的事物并不理解。该月龄段的幼儿能够记住自己经历过的事情，且记忆保存的时间较长，通常可以记忆几个星期。例如，幼儿听完一则故事，几个星期后，如果家长再次给幼儿讲同一则故事，幼儿能够回忆起故事的主要角色和情节。

此外，幼儿开始出现延迟模仿的行为，即通过对以往经验的回忆，来表现他们记忆中的行为。例如，幼儿早上看到妈妈在切水果，下午玩玩具时会模仿切水果的动作。

幼儿的延迟模仿

洋洋的爸爸只要遇到不顺心的事，就会随手拿起身边的物品扔出去，以发泄情绪。有一天，不到两岁的洋洋在吃饭时一不小心将鸡蛋掉到了地上，于是他直接把手中的勺子扔了出去。

分析

洋洋的这一行为属于典型的“延迟模仿”。需要注意的是，虽然延迟模仿能够帮助幼儿进行探索和学习，但由于幼儿缺乏判断力，他们常常会不加选择地对所见所闻进行模仿，所以可能会模仿一些不良行为。对此，教养人要及时纠正孩子模仿的不良行为，同时应在日常生活中注意自己的言行举止，以身作则，为幼儿树立榜样。

3. 思维发展

19～24 月龄幼儿的客体永久性进一步发展，他们能够想象出看不到的物体可能在哪里，甚至能够在脑海中描绘出看不到的物体的运动轨迹。例如，当一个球滚落到某个家具的下面，他们能够判断出球可能出现在什么地方。

此外，19～24 月龄的幼儿可以理解一些抽象的概念，如快和慢、远和近、多和少等；还可以理解“1”这个数字代表一个物体，“2”“3”等数字代表多个物体，但还分不清具体数字代表的数量；会数 10 以内的数字，甚至更多；能够按照事物的外观特征、功能等进行分类。

4. 想象发展

19～24 月龄的幼儿开始出现想象的萌芽，并通过动作和语言来表现想象的内容。幼儿最初的想象很简单，可以说是记忆材料的简单迁移，即把在生活中见到的、感知过的情景再次展现出来。假装游戏就是促进幼儿想象力发展的一种典型游戏。例如，幼儿会模仿妈妈喂自己吃饭的模样来喂布娃娃吃饭、会模仿护士给自己打预防针的动作来给动物玩具打针等。

5. 注意发展

19～24 月龄的幼儿经常关注一些细小的事物（如蚂蚁、小金鱼、小石头等），喜欢观察、把玩它们。例如，22 月龄的小米非常喜欢小石头，走在路上只要碰见小石头，她都像看到宝贝一样捡起来，放进自己的口袋里。此外，这一时期，幼儿的注意力很难持久地集中在某个对象上，容易发生转移。

（三）语言发展

19～24 月龄的幼儿掌握的词汇量呈爆炸式增长，其语言理解能力和表达能力也显著增强。具体来讲，21 月龄幼儿的语言发展水平处于双词句阶段（即能说出由两个或多个词汇组成的不完整句子的阶段），他们能有意识地说出 3～5 个字的句子，这些句子涵盖了主语和谓语或主语和宾语，但词序有时是颠倒的，如“喝水我”；他们能够用简单的词句表达自己的需求和想法；能回答简单的问题。到了 24 月龄，幼儿能自发或稍经提示开头后完整说出两句或以上唐诗或儿歌；会自发或模仿说出“你好”“再见”等话语；会自发提出问题，主动问“这是什么？”。

小贴士

19～24 月龄的幼儿会出现口吃现象，但这并不意味着幼儿的语言发育异常或智力迟滞。这个月龄段的幼儿对字词的使用能力提高了，他们想更好地通过语言表达自己的思想。但由于幼儿的思想发展总是先于语言发展，因此，幼儿在这个月龄段出现口吃的现象就在所难免了。

（四）情绪情感与社会性发展

1. 情绪情感的发展

19～24 月龄的幼儿开始对黑暗、动物等产生恐惧情绪，如怕黑、怕狗等。同时，该月龄段的幼儿开始理解他人的情绪，并能用恰当的方式进行回应，如会通过拍肩膀的方式安慰哭泣的同伴。

2. 社会性发展

在人际交往方面，19～24 月龄的幼儿开始关注自己的需求，会拒绝与他人分享自己喜欢的东西；喜欢与同伴一起玩耍，但交往时会出现攻击行为，如抢夺同伴的玩具、拍打同伴等，这种攻击行为通常是幼儿无意识的举动。

在自我意识方面，19～24 月龄的幼儿自我意识逐渐增强，他们逐渐有了自己的主张，开始自主活动和独立做事（如自己拿勺子吃饭、自己拿东西等），即便做得不好，也乐此不疲；开始根据自己的感受表达情绪，如高兴时会大笑、不开心时会大声哭闹等。

二、19～24 月龄幼儿教育活动的设计与指导要点

（一）动作活动的设计与指导

适合 19～24 月龄幼儿开展的动作活动主要有跨越障碍行走训练活动、跑的训练活动、跳高训练活动、穿线训练活动和拼插训练活动。教养人可以利用障碍跨栏、拖拉玩具、气球、串珠、拼插塑料积木等开展活动。需要注意的是，当幼儿无法完成指定的动作时，教养人可以适当协助幼儿完成相应的动作，以提高幼儿参与活动的积极性。

1. 粗大动作的活动设计与指导

针对 19～24 月龄幼儿开展粗大动作活动的主要目的是锻炼幼儿跨越障碍物向前行走的能力和向前跑的能力，以此提高幼儿身体的协调性和平衡感，可通过跨越障碍行走训练活动、跑的训练活动和跳高训练活动来实现。下面列举了 3 个粗大动作活动的设计方案和指导要点。

1 跨越障碍物

适宜月龄：19～24 月龄。

活动目标：锻炼幼儿在行走过程中跨越障碍物的能力。

活动准备：障碍跨栏，如图 5-2 所示。

图 5-2 障碍跨栏

活动过程：（1）教养人将障碍跨栏摆放在地上，每两个跨栏之间的距离为 1 米。然后，教养人向幼儿示范抬脚跨越障碍跨栏的动作：站在障碍跨栏前，一只脚抬起跨过障碍跨栏，站稳后，另一只脚也跟着跨过去。

（2）教养人鼓励幼儿一边走一边跨越障碍跨栏。

指导要点：（1）训练初期，如果幼儿在跨越障碍跨栏的过程中无法保持身体平衡，教养人可以让幼儿扶着自己的胳膊。

（2）在跨越障碍跨栏时，如果幼儿距离障碍跨栏太远，教养人可以让幼儿双脚的脚尖紧贴障碍跨栏。如果幼儿在跨越时踩在了障碍跨栏上，教养人要提醒幼儿把脚抬高一些，向前迈的步子大一些。

2 你追我赶

适宜月龄：19～21 月龄。

活动目标：锻炼幼儿独自跑的能力，增强幼儿腿部的肌肉力量。

活动准备：拖拉玩具。

活动过程：(1) 教养人拉着拖拉玩具在幼儿前面跑，边跑边说：“宝宝来追玩具喽！”以此引导幼儿在后面追着玩具跑。

(2) 教养人适当放慢或停下脚步，让幼儿抓到玩具。这时，教养人可以表扬幼儿：“宝宝真棒！这么快就追上玩具啦！”

(3) 教养人与幼儿互换位置，让幼儿拉着拖拉玩具在前面跑，教养人在后面追。

指导要点：(1) 如果幼儿跑得较慢，教养人要根据幼儿的速度调整自己的步伐。

(2) 当幼儿快要追上玩具时，教养人要提醒幼儿放慢速度，慢慢地停下来。如果幼儿无法自己停下来，教养人可用双手帮助幼儿停下来，以免幼儿摔倒。

3 跳起顶气球

适宜月龄：20～24 月龄。

活动目标：锻炼幼儿的身体协调性、平衡感，增强幼儿肢体的肌肉力量。

活动准备：长绳、气球、安全且宽敞的区域。

活动过程：(1) 教养人将气球吹鼓，系在长绳上，并将长绳挂起来，高度略高于幼儿，确保幼儿跳起来时头能够碰到气球。

(2) 让幼儿站在气球下方，教养人面对幼儿，向其示范双脚向上跳的动作：双脚略分开，双腿屈膝，身体稍微前倾，双臂向后摆；起跳时，双臂向前摆动，双腿用力蹬地向上跳；落地时，屈膝缓冲。

(3) 教养人引导幼儿模仿双脚离地向上跳的动作，并用头去顶挂着的气球。

指导要点：(1) 如果幼儿向上跳时，双脚没有同时抬起，教养人要再次向幼儿示范双脚同时离地向上跳的动作，或者扶着幼儿的腋下向上提起幼儿来帮助其向上跳。

(2) 幼儿向上跳时，教养人应提醒幼儿用头触碰气球。当幼儿跳起来且头顶到气球后，教养人应该给予鼓励。

2. 精细动作的活动设计与指导

针对 19～24 月龄幼儿开展精细动作活动的主要目的是训练幼儿双手的灵活性和手眼协调能力，可通过穿线训练活动和拼插训练活动来实现。下面列举了 2 个精细动作活动的设计方案和指导要点。

1 穿毛毛虫

适宜月龄： 19～24 月龄。

活动目标： 锻炼幼儿手指的灵活性和手眼协调能力。

活动准备： 串珠玩具，如图 5-3 所示。

图 5-3　串珠玩具

活动过程： （1）教养人拿着毛毛虫造型的串珠玩具对幼儿说："我是一只毛毛虫，大大的森林里只有我一只虫，我好孤单啊！谁愿意帮我找一个小伙伴，来陪伴我呀？"

如何引导幼儿玩串珠游戏

（2）教养人向幼儿介绍串珠和串绳，然后示范穿串珠的方法：左手拿住串绳一端的木棍，右手拿一颗串珠，将串绳的木棍从串珠的洞孔穿过，然后用右手拇指和食指捏住木棍，将串绳拉出。

（3）教养人引导幼儿模仿穿串珠的动作，将串珠一颗一颗地穿在串绳上。

（4）穿完串珠后，教养人与幼儿一起欣赏穿好的"毛毛虫"，并给它取名字。同时，与幼儿一起数一数毛毛虫身上有多少颗串珠。

指导要点： （1）在做示范时，教养人的动作应该尽量缓慢，并用语言进行提示。

（2）在穿串珠的过程中，教养人应鼓励幼儿自主搭配串珠，做出不同模样的"毛毛虫"。

（3）幼儿初次尝试时，可能出现因穿不进去而急躁的情况，教养人可以给予适当的帮助，让幼儿体验成功的喜悦。

2 制造小汽车

适宜月龄：24月龄左右。

活动目标：锻炼幼儿双手的灵活性和手眼协调能力，提高幼儿的想象力和创造力。

活动准备：小熊玩具、小汽车造型的拼插塑料积木（见图5-4）。

图5-4　拼插塑料积木

活动过程：（1）教养人拿着小熊玩具，对幼儿说："小朋友们，小熊想载着妈妈去公园野炊，但是它没有自己的小汽车，你们能帮小熊制造一辆小汽车吗？"以此激发幼儿参与活动的兴趣。

（2）教养人给每位幼儿发放一套拼插积木，并向幼儿示范如何将两块积木拼插在一起，然后让幼儿自己发挥想象力搭建小汽车。

（3）当幼儿完成一辆小汽车的搭建后，教养人让幼儿向同伴展示并介绍自己的小汽车。

指导要点：（1）如果幼儿拼插不好，教养人可以给予提示和帮助。

（2）在活动过程中，教养人应鼓励幼儿多尝试搭建不同造型的小汽车。

（二）认知活动的设计与指导

针对19～24月龄幼儿开展认知活动的主要目的是提高幼儿的感知觉、记忆、思维、想象、注意等多种能力的综合发展。适合19～24月龄幼儿开展的认知活动有认识颜色、认知形状等。教养人可以利用不同颜色的积木、拼图玩具等开展活动。下面列举了3个认知活动的设计方案和指导要点。

1 颜色分类

适宜月龄：19～24月龄。

活动目标：培养幼儿对红、黄、蓝3种颜色的辨别能力。

活动准备：红、黄、蓝3种颜色的积木各两块，其他颜色的积木若干。

活动过程：（1）教养人将红、黄、蓝3种颜色的积木摆放在桌子上，然后拿起一块红色的积木，反复告诉幼儿："这块积木是红色的。"

（2）教养人指着剩余的积木问幼儿："这些积木中还有一块也是红色的，你把红色的积木找出来好吗？"以此引导幼儿找出另一块红色的积木。

（3）待幼儿能够正确找到红色积木后，教养人按照上述方法引导幼儿依次找到黄色积木和蓝色积木。

（4）教养人将所有积木打乱，散放在桌子上，然后让幼儿从所有积木中挑选出红、黄、蓝3种颜色的积木，并将颜色相同的积木放在一起。

指导要点：（1）教养人可以采用提问的方式让幼儿认识某种颜色。例如，让幼儿认识黄色时，教养人可以拿起黄色的积木问幼儿："这是不是红色的积木呢？"然后根据幼儿的反应，对幼儿说："这是黄色的积木。"

（2）在活动过程中，教养人可以引导幼儿寻找环境中的红色、黄色、蓝色物品，以此巩固幼儿对3种颜色的认知。

2 形状认知

适宜月龄：19～24月龄。

活动目标：帮助幼儿巩固对各种形状的认知，学会分辨形状的异同。

活动准备：若干不同形状的积木，如图5-5所示。

活动过程：（1）教养人拿出所有积木，让幼儿仔细观察并指认积木的形状。

（2）幼儿指认正确后，教养人将所有积木散落在教室的地板上，让幼儿寻找形状相同的积木，并将它们叠放在一起。

指导要点：（1）当幼儿叠放完毕后，教养人需要带领幼儿一起检查叠放在一起的积木是否是同一个形状的。如果幼儿叠放在一起的形状是一致的，教养人要表扬幼儿，以增加幼儿的成就感。如果幼儿叠放在一起的形状是不一致的，教养人需要指出哪块放错了，并让幼儿及时更正。

（2）幼儿观察积木时，教养人可以引导幼儿观察不同形状的积木有何异同，如圆形积木上有一个圆孔、长方形积木上有两个圆孔等。

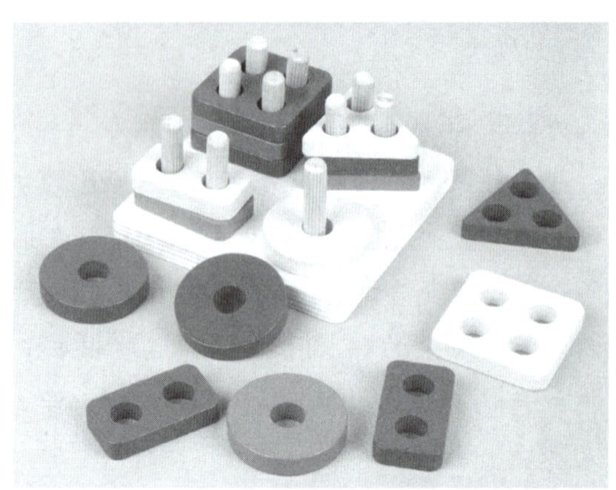

图 5-5　不同形状的积木

3 拼拼图

- 适宜月龄：22～24 月龄。
- 活动目标：锻炼幼儿思维能力和记忆能力。
- 活动准备：动物拼图，如图 5-6 所示。

图 5-6　动物拼图

活动过程：（1）教养人先将一幅拼好的拼图拿给幼儿看，并向幼儿介绍动物的名称和身体部位。

（2）教养人和幼儿一起拼拼图。在此过程中，教养人应先引导幼儿找到动物的某一个身体部位，再引导幼儿把该部位放在拼图板的相应位置。例如，教养人先发出指令："宝宝，老虎的脑袋在哪里？"待幼儿找出老虎的头部后，再发出下一个指令："老虎的脑袋应该放在拼图的哪个位置呢？"以此引导幼儿找到拼图位置。

（3）当幼儿拼好拼图后，教养人可以带领幼儿一起检查拼图的位置是否正确。如果幼儿的完成度很好，教养人需要夸奖幼儿。如果拼图有错误，教养人可以一步步地指引幼儿修改，如："宝宝，你看一看老虎的肚子是不是拼错了？它是不是应该在这里？"

指导要点：（1）幼儿在拼拼图时，教养人可以引导幼儿说出动物每个身体部位的名称。

（2）初次训练时，如果幼儿拼不好，教养人可以先拼一个完整的拼图，然后移走 1～2 块，让幼儿帮忙拼完整。

（三）语言活动的设计与指导

针对 19～24 月龄幼儿开展语言活动的主要目的是进一步丰富幼儿的词汇量，帮助幼儿理解不同词汇的含义，提高幼儿的语言表达能力。适合 19～24 月龄幼儿开展的语言活动主要有讲故事、朗读儿歌等。教养人可以利用故事书、儿歌书等开展活动。需要注意的是，在活动过程中，如果幼儿的表达不准确，教养人需要耐心猜测他们想要表达的意思，并用正确的语句向幼儿重复表述。下面列举了 3 个语言活动的设计方案和指导要点。

1 讲故事

适宜月龄：19～24 月龄。

活动目标：培养幼儿的语言表达能力，提高幼儿的认知能力。

活动准备：一本带有插画的故事书。

活动过程：（1）教养人翻开故事书给幼儿讲故事。在讲故事时，教养人可以不断地向幼儿提出问题，如"小兔子在哪里？""小兔子有多少个朋友？"然后引导幼儿回答问题，以提高幼儿的参与度。

（2）如果幼儿开口回答教养人的问题，无论答对还是答错，教养人都应积极、正面地肯定他们的表现，如抱抱、亲亲幼儿或为幼儿鼓掌。

（3）随着练习次数的增多，活动难度可以逐渐增加，如让幼儿自行叙述故事情节。

指导要点：（1）教养人可以从不同的角度描述插图上的内容，以激发幼儿的发散性思维。

（2）在活动过程中，教养人要多提出问题，并引导幼儿作答；或者引导幼儿提出问题，教养人作答。教养人在作答时要有耐心，并不断从一个话题引出更多的新话题，从而不断丰富幼儿的词汇量，帮助其理解更多词汇的含义。

2 朗读并背诵儿歌

适宜月龄：21～24 月龄。

活动目标：锻炼幼儿记忆并背诵儿歌的能力。

活动准备：一本儿歌书，如图 5-7 所示。

图 5-7　儿歌书

活动过程：（1）教养人和幼儿面对面坐下。教养人选择一首旋律感强的儿歌，面带微笑地朗读儿歌。每读一句，就鼓励幼儿跟读一句。

（2）重复读几次后，教养人可以让幼儿看着儿歌书上的图画背诵儿歌内容。

指导要点：（1）在活动过程中，教养人要及时纠正幼儿的错误发音。

（2）在背诵过程中，教养人可以先背诵一句，让幼儿接下一句；也可以通过做动作来提示幼儿。

3 探索物品的用途

适宜月龄：21～24 月龄。

活动目标：让幼儿理解物品的用途，丰富幼儿的词汇量。

活动准备：各种实物，如碗、笔、板凳等。

活动过程：（1）教养人以简单易懂的方式向幼儿介绍每个物品的名称和用途，如“这是一只碗，我们可以用它盛饭菜”。

（2）教养人对物品进行简单操作，如拿起碗，放入饭菜，让幼儿观察物品是如何发挥作用的。

（3）教养人指着任意一个物品，询问幼儿该物品是做什么用的，帮助幼儿理解物品的用途。

指导要点：教养人应充分利用幼儿的好奇心、主动性和探索欲，鼓励他们提出问题，并用你问我答的方式帮助幼儿加深对物品的了解。

（四）情绪情感与社会性活动的设计与指导

针对 19～24 月龄幼儿开展情绪情感与社会性活动的主要目的是使幼儿学会用语言表达情绪情感，并在人际交往中学会分享。适合 19～24 月龄幼儿开展的情绪情感与社会性活动主要有情绪情感表达活动、分享活动等。需要注意的是，教养人应给予幼儿充分的关爱与鼓励，引导幼儿积极开展活动。下面列举了 2 个情绪情感与社会性活动的设计方案和指导要点。

1 情绪感知

适宜月龄：19～24 月龄。

活动目标：学会用语言表达情绪情感。

活动准备：动物玩偶若干。

活动过程：（1）教养人和幼儿面对面坐下。教养人拿起小猫玩偶挡住自己的脸，并发出“哈哈哈”的笑声，然后询问幼儿：“宝宝，你知道小猫现在的心情是什么样的吗？”根据幼儿的反应，教养人要告诉幼儿：“小猫发出了开心的笑声，表明小猫很‘高兴’。”教养人应着重强调“高兴”一词。

（2）教养人一手拿着小熊玩偶，一手拿着小兔子玩偶，然后为幼儿讲“小熊和小兔子一起玩耍”的故事。讲到两个小动物发生争执的情节时，教养人拿起小熊玩偶打一下小兔子玩偶。之后，教养人把小兔子玩偶放在脸边，做出哭泣的表情，并做出擦眼泪的动作。教养人询问幼儿：

“小兔子现在的心情是怎么样的？”根据幼儿的反应，教养人告诉幼儿：“小兔子现在很‘伤心’。”教养人应着重强调“伤心”一词。

（3）按照上述方式，教养人可以向幼儿介绍更多的情绪词汇。

指导要点：（1）在活动过程中，教养人应引导幼儿说出情绪词汇。同时，教养人可以通过丰富故事情节的方式让幼儿进一步理解不同的情绪是为何产生的。

（2）在活动过程中，教养人可以引导幼儿在理解不同情绪的基础上，做出恰当的回应，以此来培养幼儿的同理心。

2 交换玩具

适宜月龄：19～24 月龄。

活动目标：培养幼儿与他人分享的意识，促进幼儿社会交往能力的发展。

活动准备：若干玩具。

活动过程：（1）教养人将所有玩具摆放在桌子上，让每个幼儿从中挑选一个玩具。

（2）教养人问幼儿：“小朋友们，你们每个人手中都只有一个玩具，你们还想玩哪些玩具？”引导幼儿回答自己想玩的其他玩具。

（3）教养人接着说：“小朋友们，你们可以和其他小朋友交换玩具哦！这样一个人就可以玩多个玩具了。”以此引导幼儿与同伴互换玩具。

指导要点：（1）当幼儿和同伴交换玩具时，教养人要表扬幼儿，让幼儿感受到与人分享是快乐的。

（2）如果个别幼儿不愿意把自己的玩具与同伴交换，教养人要耐心引导，不可责备幼儿。

躬体力行

制作“多彩户外，游戏童年”主题宣传片

开展玩沙土、团泥巴、捡石头等户外活动，不仅能够促进婴幼儿的身体发育，而且能够丰富婴幼儿对世界的认知，同时还能够提高婴幼儿的免疫力。然而，在现实生活中，很多家长都以怕脏、怕乱、怕病菌为理由，不让婴幼儿开展户外活动。这不仅阻碍了婴幼儿的身心发展，还遏制了婴幼儿对世界的探索。请同学们以小组为单位，制作一部以“多彩户外，游戏童年”为主题的宣传片。

（1）将全班同学分成若干小组，每组 4～6 人，并选出一名组长。各组成员通过网络、专业书籍等搜集与婴幼儿户外活动相关的资料，并填写表 5-1。

表 5-1　资料搜集情况表

组长		组员	
搜集的内容	搜集的结果		
婴幼儿参加户外活动的重要性			
适合不同月龄段婴幼儿开展的户外活动			
婴幼儿参加户外活动的注意事项			
面对突发事件的应急方案			

（2）各组根据搜集的资料，编写视频脚本，脚本应主题突出，内容准确，能给人以启迪，达到宣传的目的。

（3）各组组长根据各成员的喜好和特长分配拍摄任务，确定视频制作人员、拍摄人员、参演人员、旁白人员等。各组成员根据脚本拍摄宣传片。宣传片的时长以 10～15 分钟为宜，画面要清晰、连贯且完整，配音采用普通话，后期需要配上中英文字幕。

（4）召开班会，全班同学共同观看各组制作的宣传片，并提出修改意见。各组整理意见并修改宣传片，然后将修改后的宣传片上传至网络。

（5）各组采取自评、小组互评和教师评价相结合的方式，对活动的实施情况进行评价，并填写表 5-2。

表 5-2　活动实施评价表

评价标准	分值	评价得分		
		自评	互评	师评
搜集的资料来源权威、内容科学且全面，并能对所搜集的资料进行分析整理	20			
脚本设计合理，能准确且全面地宣传婴幼儿参加户外活动的重要性、适合不同月龄段婴幼儿开展的户外活动、婴幼儿参加户外活动的注意事项、面对突发事件的应急方案等内容	25			

续表

评价标准	分值	评价得分		
		自评	互评	师评
视频拍摄与制作的任务完成度较高，不仅能够认真完成自己的任务，而且与团队成员配合良好	20			
制作的宣传片主题明确、内容实用、画质清晰	20			
能够客观评价各组拍摄的宣传片的优缺点，能够虚心听取其他小组的意见，并根据其他小组成员的评价对宣传片进行修改	15			

任务二　掌握25～36月龄幼儿教育活动的设计与指导

幼有所育

32月龄的豆豆非常喜欢听故事。一天，豆豆递给妈妈一本故事书，让妈妈给他讲故事。妈妈接过故事书后，翻到“小乌龟找妈妈”这一页，边用手指着书中的画面，边生动地讲述故事情节，豆豆听得津津有味。当妈妈讲到小乌龟转身看不见妈妈时，豆豆打断了妈妈：“小乌龟的妈妈为什么走了？”妈妈回答完豆豆的问题后继续讲故事。几分钟后，豆豆又打断了妈妈：“小乌龟爬得快吗？”妈妈再次回答了豆豆的问题。之后，豆豆不断地提出新问题，妈妈不厌其烦地一一解答。

问题与思考：在听故事时，豆豆不断地提出问题，表明了什么？在日常生活中，面对孩子的频繁提问，家长应该怎么做？

一、25～36月龄幼儿的身心发展特点

（一）动作发展

1．粗大动作发展

25～36月龄幼儿的粗大动作不再像2岁之前那样有里程碑式的发展，而是以巩固与熟

练前期所掌握的动作为主。具体来讲，该月龄段的幼儿可以自如地走和跑；可以在不扶扶手的情况下，稳定地上下楼梯 3 阶或以上；可以在不扶任何物体的情况下，单脚站立 2 秒或以上；可以双脚同时离地跳起跃过 20 厘米的距离（平地上）；可以双脚交替跳起，双脚距离地面的高度约 5 厘米；可以发动全身的力量向高处攀爬。同时，这一月龄段的幼儿能够综合运用走、跑、跳、投掷等多种基础动作完成较为复杂的综合性运动，如打篮球、踢足球等。

2．精细动作发展

25～36 月龄是幼儿精细动作迅速发展的时期，他们能够较熟练地运用双手配合完成多种动作。具体来讲，27 月龄的幼儿能够画出一条长度大于 2.5 厘米的竖直线；能将拉锁头部分或全部插进锁孔；能够独自脱掉短袖和裤子。30 月龄的幼儿能够较熟练地扣 3～5 粒扣子；能够双手各拿一个杯子来回倒水，而且不会将水洒出来；能够用 3 块积木搭出有孔的“桥”，如图 5-8 所示。33 月龄的幼儿能够模仿画出圆形；能够将拉锁头全部插进锁孔，并有向上拉的意识；能搭高积木 10 块。36 月龄的幼儿能够画出两条相交成角的直线；能够双手配合将螺丝、螺母组装起来；会粘贴物品；能够独自穿短袖和裤子。

图 5-8 幼儿搭出有孔的桥

（二）认知发展

1．感知觉发展

在视觉方面，25～36 月龄的幼儿能够正确识别多种颜色，但还不能识别同色系中明度不同的颜色，如粉红色、大红色、深红色等。

在听觉方面，25～36 月龄的幼儿能够跟随音乐的节奏做身体的律动。

在触觉方面，25～36 月龄的幼儿开始频繁地用手去触摸和摆弄物品，以感知物品的特征。

在空间知觉方面，25～36 月龄的幼儿能够分清“上”与“下”、“里”与“外”的方位。

在时间知觉方面，25～36 月龄的幼儿初步掌握了与生活密切相关的时间单位，如知道晚上是天黑上床睡觉的时候，早上是吃早饭的时候，但还不能理解昨天、今天、明天等具体的时间单位。

2. 记忆发展

25～36 月龄幼儿的记忆没有目的性，以无意记忆为主，有意记忆开始萌芽。他们能够记住教养人委托的任务，还能够复述听过的故事，背诵一些简单的儿歌和古诗。一般情况下，该月龄段的幼儿能够回忆起几个月前发生过的事。

3. 思维发展

25～36 月龄幼儿的判断力和推理力进一步增加，开始运用已有的经验（如听到的、看到的）思考问题，且能够用语言较准确地表达自己的思想。例如，35 月龄的小明看见小亮拿着桃子吃，跑到家里对妈妈说：“妈妈，我想吃桃子。”妈妈对小明说：“没有卖桃子的。”小明说：“有，小亮吃桃子了。”短短的对话反映出了小明判断、推理的思维过程。

此外，该月龄段幼儿的概括能力进一步发展，能抽象概括出事物的本质特征，不再受事物外观的影响，且能用词对一类物体进行概括。例如，可以抛开车的颜色、大小等外观差别把“车”这个词作为各种车的总称，甚至物体不在面前时，也能从概括的意义上来使用这个词。

4. 想象发展

随着生活经验的积累、记忆能力的提高，25～36 月龄幼儿的想象从简单的记忆材料迁移向创造性想象发展，如他们会把吸管想象成体温计、把笔想象成针管等。但是，这一阶段，幼儿想象的内容仍旧简单、匮乏，需要借助成人的提示才能很好地发挥创造性。

5. 注意发展

随着活动范围的扩大，25～36 月龄的幼儿开始对更多的事物产生兴趣，能够引起幼儿注意的事物逐渐增多，其注意的时间也逐渐延长。一般情况下，该月龄段的幼儿能够集中注意 5 分钟左右，但是注意的时长会根据个体、活动性质等发生变化，如幼儿基本上能够坚持看完 30 分钟以内的动画片，却难以坚持听完 30 分钟的故事。

（三）语言发展

25～36 月龄是幼儿语言发展最为迅速的时期，他们对词汇、语音、语法的掌握均有明显的进步。首先，这一时期，幼儿所掌握的词汇量大幅增长，对词义的理解能力迅速提高，基本上能理解成人的语言。

其次，这一时期，幼儿的语言发展进入完整句阶段，他们能说出 7～10 个字的简单句子，并开始使用代词、介词、连词等，且逐渐从以简单句为主过渡到以复合句为主，疑问句逐渐增多。他们喜欢和成人交谈，喜欢听简短的故事、儿歌，并能记住它们的内容。

此外，25～36 月龄的幼儿在手势的引导下，会用语言描述简单的事情，语音基本正确，语法基本合乎规范。

（四）情绪情感与社会性发展

1. 情绪情感的发展

25～36 月龄的幼儿会用语言表达自己的情绪情感，并开始尝试调节自己的情绪。例如，当他们遇到挫折或受到惊吓时，可能会通过深呼吸或幻想愉快的事情来平复自己的情绪。

此外，36 月龄左右的幼儿陆续产生了尊重、友爱等 20 多种情感。同时，一些高级情感开始萌芽，如道德感、美感、理智感等。

2. 社会性发展

在人际交往方面，25～36 月龄的幼儿开始主动与同伴一起玩耍。在与同伴一起玩耍时，幼儿会出现互补和互惠行为。互补行为即一个人的行为能够满足另一个人的需求。例如，两名幼儿在玩“超市购物”游戏时，会由一个幼儿扮演收银员，另一个幼儿扮演顾客。互惠行为即彼此的行为能够使双方获得更多的好处，如两名幼儿互相交换玩具，以此玩更多的玩具。

在自我意识方面，25～36 月龄幼儿的自我意识迅速发展，开始进入心理上的“第一反抗期”。他们会经常和教养人对着干，“不好”“不要”这类词语变成了他们的口头禅。同时，他们开始懂得“我想做”和“我应该做”的区别，做错事后会脸红，感到羞愧。此外，他们开始意识到他人的想法和自己的想法未必一样，并开始关注他人对自己的看法和评价。

二、25～36 月龄幼儿教育活动的设计与指导要点

（一）动作活动的设计与指导

适合 25～36 月龄幼儿开展的动作活动主要有基础动作训练活动、平衡与协调训练活动、双手配合的动作训练活动和使用工具的动作训练活动。教养人可以利用跳格子玩具、多功能攀爬架、画笔、上衣、裤子等开展活动。需要注意的是，教养人应该时刻关注幼儿的安全，并及时引导、鼓励和帮助幼儿，以确保活动的顺利进行。

1．粗大动作活动的设计与指导

25～36 月龄幼儿开展的基础动作训练活动主要包括自如跑、向前跳、攀爬等单项技能训练，这些训练能够帮助幼儿更好地掌握基础动作的基本要领，提升其综合运用多种基础动作的能力。25～36 月龄幼儿开展的平衡与协调训练活动是综合技能训练，不仅能够提高幼儿的身体平衡性和协调性，减少幼儿摔倒的次数，还能够培养幼儿的注意力和意志力。下面列举了 5 个粗大动作活动的设计方案和指导要点。

风车吱吱转

适宜月龄：25～30 月龄。

活动目标：锻炼幼儿自如地控制跑的速度的能力。

活动准备：自制风车。

活动过程：（1）教养人拿出风车，对幼儿说："宝宝，你看看我手里拿的是什么？"以此吸引幼儿的注意力。

（2）教养人继续询问幼儿："我们怎样做才能让漂亮的风车转起来呢？"

（3）教养人举起风车向前跑，并引导幼儿观察风车："宝宝，你看风车是不是转起来了？"然后鼓励幼儿拿着风车跑。

（4）待幼儿能够拿着风车自如地向前跑后，教养人可以引导幼儿控制跑的速度，并让幼儿观察快速跑和慢速跑时风车的转速。

指导要点：（1）在跑的过程中，如果幼儿出现顺拐、内八等现象，教养人要及时纠正幼儿的错误姿势。

（2）在活动过程中，教养人可以引导幼儿不断地变换跑的方向，以培养幼儿的方向感。

跳格子

适宜月龄：30～36 月龄。

活动目标：通过双脚向前跳的动作，锻炼幼儿立定跳远的动作技能。

活动准备：跳格子玩具。

活动过程：（1）教养人将若干个跳格子玩具进行随意搭配，并将其铺设在地上，如图 5-9 所示。

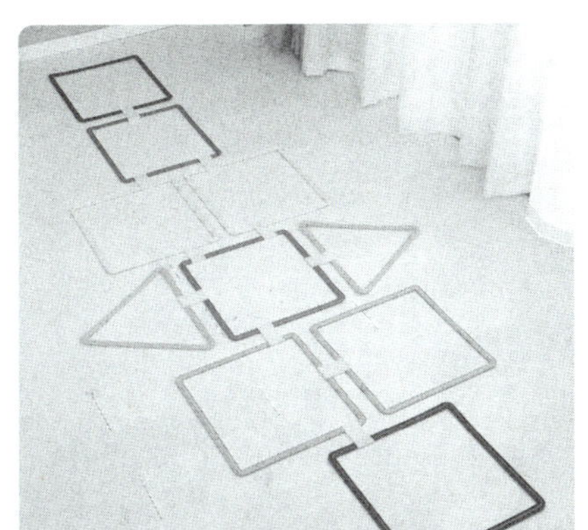
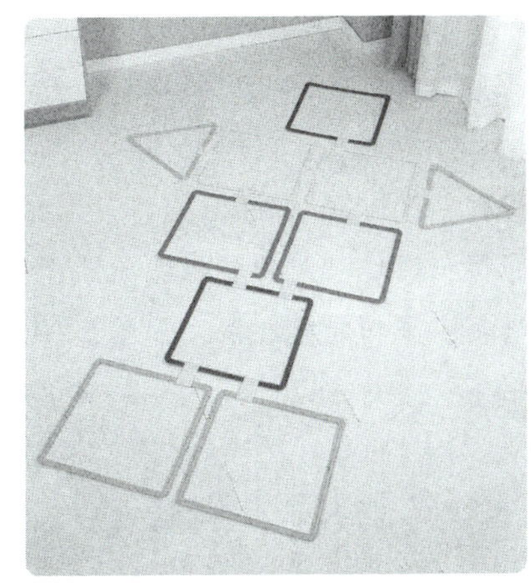

图 5-9 跳格子玩具

如何引导幼儿玩跳格子游戏

（2）教养人向幼儿示范双脚向前跳的动作，并讲解动作要领：两脚左右分开，与肩同宽，两臂前后摆动，向前摆时两腿伸直，向后摆时屈膝降低重心，上半身稍向前倾，手尽量往后摆；起跳时，两脚快速用力蹬地，两臂稍曲由后往前上方摆动，向前跳起腾空，并充分展体；落地时，小腿往前伸，双臂用力往后摆，并屈膝缓冲。

（3）教养人引导幼儿练习双脚向前跳的动作，并观察幼儿跳跃时的姿势，及时对幼儿进行指导和帮助。

（4）当幼儿掌握跳跃的基本技巧后，教养人可以让幼儿两两一组进行跳格子比赛，以激发他们参与活动的兴趣。

指导要点：（1）在幼儿跳格子时，教养人要提醒幼儿跳到格子中间，不能踩到格子的边线。如果踩到边线，要从起始位置重新开始跳。

（2）如果幼儿不敢做跳远的动作，教养人可以站在幼儿对面，张开双臂做出拥抱的姿势，以增强幼儿的安全感，同时鼓励幼儿向前跳。每当幼儿完成一次跳格子，教养人都应夸赞幼儿。

（3）如果幼儿落地时站不稳，教养人可以引导幼儿身体向前倾，以改变重心。

3 攀爬训练

适宜月龄：25～36 月龄。

活动目标：锻炼幼儿的肢体协调性。

活动准备：多功能攀爬架，如图 5-10 所示。

图 5-10 多功能攀爬架

活动过程：（1）教养人向幼儿介绍攀爬技巧：先用双手抓住自己能够到的横栏或绳索，然后将一只脚踩在第一级横栏或绳索上，利用手臂和腿部的力量支撑身体并带动另一只脚也踩上第一级横栏或绳索。当两只脚站稳后，按照上述方式继续向上攀爬第二级横栏或绳索。

（2）幼儿自行练习攀爬动作。当幼儿能够熟练攀爬后，教养人引导幼儿进行攀爬比赛，看谁爬得又快又高。

指导要点：（1）如果幼儿因缺乏力量而无法攀爬时，教养人可以给予适当的帮助。

（2）初次训练时，教养人可以让幼儿仅攀爬一到两级横栏或绳索。当幼儿熟练掌握了攀爬的技巧后，再让幼儿逐渐提高攀爬的高度。

4 金鸡独立

适宜月龄：25～30 月龄。

活动目标：锻炼幼儿的身体平衡感和独脚站立的能力。

活动准备：无。

活动过程：（1）教养人为幼儿示范“金鸡独立”的动作：一条腿站立，另一条腿屈膝向上抬起，双腿膝关节靠拢，双臂伸平，身体略向前倾。

（2）教养人鼓励幼儿尝试做“金鸡独立”的动作（见图 5-11）：“小朋友们，你们也来试一试这个动作吧！”

图 5-11 “金鸡独立”的动作

（3）待幼儿掌握了“金鸡独立”的动作后，教养人让所有幼儿开展“金鸡独立”比赛，看谁站得时间最长，以此激发幼儿参与活动的兴趣。

（4）教养人给站立时间最长的幼儿颁发一朵小红花，同时对所有幼儿的尝试和表现进行积极评价，使幼儿产生成就感，从而激发幼儿经常练习的兴趣。

指导要点：（1）初次训练时，教养人可以引导幼儿借助外物保持身体平衡，如让他们扶着墙壁、栏杆等练习。待幼儿站稳后，再让幼儿松开手进行单脚站立，但是教养人需要在旁边加以保护，以免幼儿摔倒。

（2）在练习“金鸡独立”的动作时，教养人可以引导幼儿数数，从 1 数到 10，并记录每位幼儿左、右脚分别能站立多长时间。

5 踢足球

适宜月龄：34～36 月龄。

活动目标：锻炼幼儿的身体协调性。

活动准备：一个足球、一个球门。

活动过程：（1）教养人拿出足球，对幼儿说：“小朋友们，今天我们一起来玩踢足球的游戏。谁会踢足球？想来试试吗？”以此激发幼儿踢足球的兴致。

(2) 教养人向幼儿示范踢足球的动作：把足球放在球门前，一只脚抬起向后摆，对准足球后用力向球门内踢。

(3) 教养人让幼儿模仿对准球门踢球的动作。当所有幼儿都能顺利地将球踢进球门后，教养人将足球放在离球门稍远的位置，让幼儿尝试边跑边踢足球，如图 5-12 所示。

图 5-12　幼儿踢足球

(4) 当所有幼儿都能够做到一边跑一边踢足球后，教养人再让幼儿开展踢足球比赛。

指导要点：(1) 如果幼儿将球踢向了远离球门的方向，教养人要引导幼儿用脚围截足球，并将足球踢向球门的方向。

(2) 在活动过程中，如果幼儿之间出现推搡、拉拽或踢其他小朋友的情况，教养人要及时制止。

2. 精细动作活动的设计与指导

针对 25～36 月龄幼儿开展精细动作活动的主要目的是锻炼幼儿双手的灵活性，提高幼儿手眼协调能力和生活自理能力，可通过双手配合的动作训练活动、使用工具的动作训练活动来实现。下面列举了 7 个精细动作活动的设计方案和指导要点。

1 学画圆和折线

适宜月龄：25～36 月龄。

活动目标：帮助幼儿掌握正确的握笔姿势，提高其绘画能力及手眼协调能力。

活动准备：运笔画线训练卡（见图 5-13）、可擦笔和擦板。

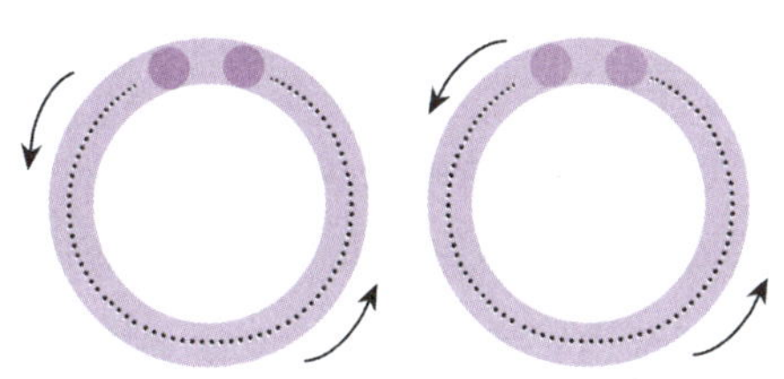
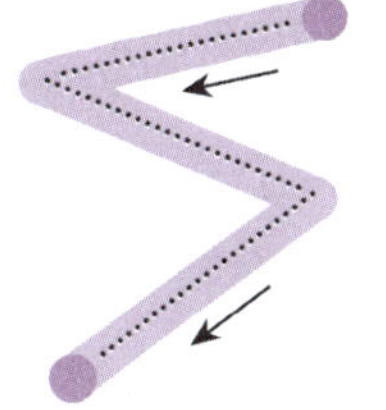
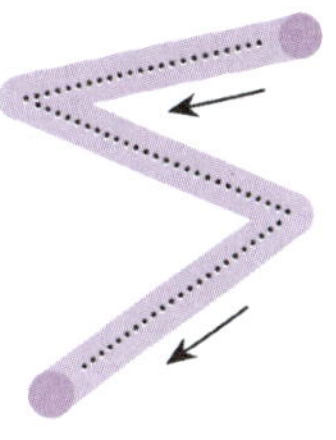

图 5-13 运笔画线训练卡

活动过程：(1) 教养人向幼儿展示正确的握笔姿势（见图 5-14）：大拇指和食指握住笔杆，自然弯曲；中指、无名指和小拇指自然弯曲排列，垫于笔杆另一侧；笔杆的上端斜靠食指根部，勿靠虎口；掌心呈空心状，中指、无名指和小指不贴掌心；小指末端、手腕根部紧贴平面。

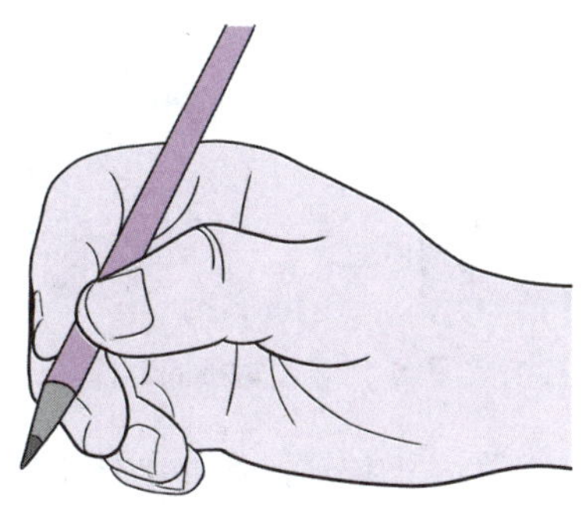

图 5-14 握笔姿势

(2) 教养人将运笔画线训练卡、可擦笔和擦板发放给每位幼儿，并向幼儿示范如何在运笔画线训练卡上描画圆，然后让幼儿自行练习画圆。

(3) 当幼儿掌握了画圆的方法后，教养人要夸赞幼儿，然后引导他们利用运笔画线训练卡尝试画折线、交叉线等不同类型的线条。

指导要点：(1) 如果幼儿的握笔姿势不正确，教养人可以握着幼儿的手让其学习正确的握笔姿势。

(2) 如果幼儿的笔画不够流畅或不符合预期，教养人要及时给予指导和纠正。

2 脱短袖

适宜月龄：25 月龄左右。

活动目标：锻炼幼儿的双手配合能力和肢体灵活性，培养幼儿独立脱短袖的能力。

活动准备：套头短袖。

活动过程：（1）教养人将套头短袖平铺在床上，向幼儿介绍短袖的正面、背面、领口、袖子、衣角和底边，让幼儿对短袖有清晰的认识。

（2）教养人向幼儿示范脱短袖的动作：左臂伸直上举至头顶，右手握住左侧袖子，左臂弯曲，从袖子中抽出；右手握住左侧衣角向上拉，将左侧衣服拉至左肩膀上方，再接着拉至头上方，使头从领口处钻出来；左手握住右臂上的衣服向下拽，使右臂从袖子中抽出来，如图 5-15 所示。

图 5-15　脱短袖的动作

（3）教养人为幼儿穿上短袖，并鼓励幼儿模仿脱短袖的动作。在此过程中，教养人需要发出相应的动作指令，引导幼儿一步步地脱掉短袖。当幼儿成功脱下短袖后，教养人应该给予幼儿表扬和肯定：“宝宝真厉害！这么快就学会脱短袖了！”以此提高幼儿练习脱短袖的积极性。

指导要点：（1）在活动过程中，如果幼儿无法将手臂从袖子中抽出来或无法将头从领口中钻出来，教养人可以通过语言指导幼儿做相应的动作，或者帮助幼儿完成这些动作，以免幼儿因做不好动作而对该活动失去兴趣。

（2）如果幼儿发现了更快捷的脱短袖方法，教养人可以鼓励幼儿用自己的方法脱短袖，不必拘泥于一种方法。

3　脱裤子

适宜月龄：25 月龄左右。

活动目标：锻炼幼儿的手脚配合能力和肢体灵活性，培养幼儿独立脱裤子的能力。

活动准备：松紧带裤子。

活动过程：（1）教养人将裤子平铺在床上，向幼儿介绍裤子的正面、背面、裤腰、裤腿和裤脚，让幼儿对裤子有清晰的认识。

（2）教养人向幼儿示范脱裤子的动作：双手分别放在腰两侧，抓住裤腰上的松紧带往下推，将裤腰推至膝盖处；坐在凳子上，用手拽住左腿的裤脚，同时左腿向上抬，使左脚从裤腿中抽出来；用同样的方法脱掉右裤腿，如图 5-16 所示。

图 5-16　脱裤子的动作

（3）教养人鼓励幼儿模仿脱裤子的动作："宝宝，你也来试一试吧。"在此过程中，教养人需要发出相应的动作指令，引导幼儿一步步地脱掉裤子。当幼儿成功脱下裤子后，教养人应该给予幼儿表扬和肯定。

指导要点：（1）当幼儿遇到困难时，教养人可以通过语言指令指导幼儿做相应的动作，或者协助幼儿完成这些动作。

（2）如果幼儿脱长裤有困难，教养人可以选择宽松的短裤进行训练，以免幼儿因难度太大而失去学习的信心。

（3）如果幼儿发现了更快捷的脱裤子方法，教养人可以鼓励幼儿用自己的方法脱裤子，不必拘泥于一种方法。

4 解扣子

适宜月龄：25～30 月龄。

活动目标：培养幼儿的双手配合能力和手眼协调能力，提高幼儿的生活自理能力。

活动准备：带扣子的衣服。

活动过程：（1）教养人和幼儿分别穿上带扣子的衣服，然后教养人向幼儿介绍衣服上的扣子和扣眼。

（2）教养人向幼儿示范解扣子的动作：用左手的食指和拇指捏住扣子；用右手的食指和拇指捏住扣子旁边的衣襟并向外轻轻拉；用左手的拇

指推动扣子到扣眼处，使扣子穿过扣眼；用右手捏住穿过扣眼的扣子，左手拉着衣襟，然后双手朝反方向用力，使扣子完全钻出扣眼，如图 5-17 所示。

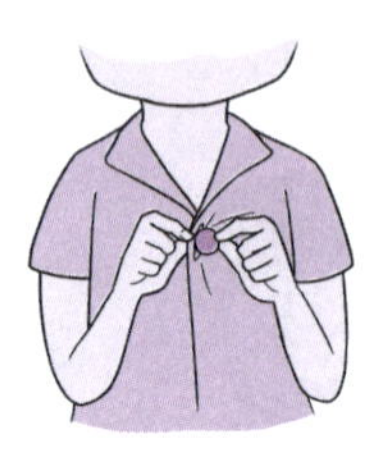

图 5-17　解扣子的动作

（3）教养人对幼儿尝试自己解开衣服上的扣子进行鼓励："宝宝，你也来试一试吧。"当幼儿成功解开扣子后，教养人要夸赞幼儿。

指导要点：如果幼儿无法独自完成解扣子的动作，教养人可以站在幼儿身后，握着幼儿的双手，协助幼儿完成解扣子的动作。

5 扣扣子

适宜月龄：30～36 月龄。

活动目标：培养幼儿的双手配合能力和手眼协调能力，提高幼儿的生活自理能力。

活动准备：带扣子的衣服。

活动过程：（1）教养人和幼儿分别穿上带扣子的衣服，然后教养人向幼儿介绍衣服上的扣子和扣眼。

（2）教养人向幼儿示范扣扣子的动作：用左手和右手的食指和拇指拉住衣服，先将衣服门襟对齐；用右手的食指和拇指捏住扣子，左手的拇指和食指捏住扣眼旁边的衣襟；用右手将扣子插入扣眼，再用左手捏住扣子向外拉，使扣子完全钻出扣眼，如图 5-18 所示。

图 5-18　扣扣子的动作

（3）教养人对幼儿尝试自己扣上衣服上的扣子进行鼓励：“宝宝，你来试一试吧。”当幼儿成功扣上扣子后，教养人要夸赞幼儿。

指导要点：（1）如果幼儿无法将扣子对准扣眼，教养人可以站在幼儿身后，握着幼儿的双手，协助幼儿将扣子对准扣眼，并扣上扣子。

（2）如果幼儿扣错了位置，教养人要及时提醒幼儿，并适时给予帮助。

6 穿短袖

适宜月龄：36 月龄左右。

活动目标：锻炼幼儿的双手配合能力和肢体灵活性，培养幼儿独立穿短袖的能力。

活动准备：正面带印花的套头短袖。

活动过程：（1）教养人将套头短袖平铺在床上，向幼儿介绍短袖的正面、背面、领口、袖子、衣角和底边，让幼儿对短袖有清晰的认识。

（2）教养人向幼儿示范穿套头短袖的动作：先将衣服背面朝上，平铺在床上；双手拽住两个衣角，大拇指伸进衣服里撑开衣服的底边；左手伸进左袖口，右手伸进右袖口；双手上举，将头伸进领口；双手拽着衣服底边向下拉，衣服就穿好了，如图 5-19 所示。

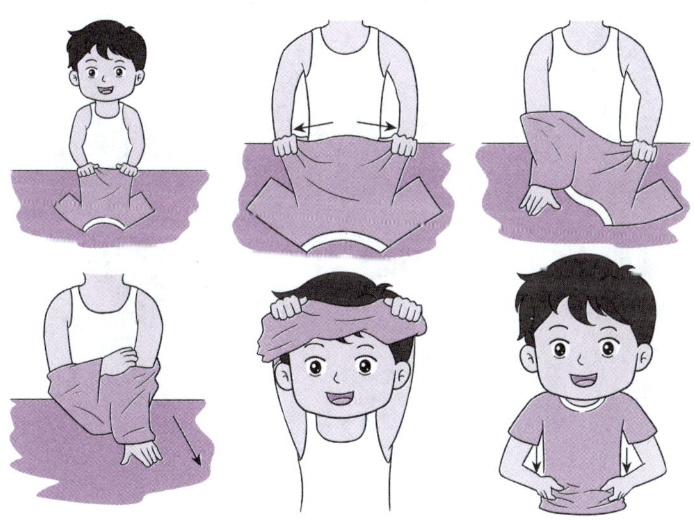

图 5-19 穿短袖的动作

（3）教养人将一件套头短袖交给幼儿，让幼儿尝试自己穿短袖：“宝宝，你来试一试吧。”当幼儿成功穿好短袖后，教养人应该给予幼儿表扬和肯定：“宝宝真厉害！这么快就学会穿短袖了！”以此提高幼儿练习穿短袖的积极性。

指导要点：（1）在活动过程中，教养人可以通过语言指令一步步地指导幼儿做相应的动作。如果幼儿遇到困难，教养人可以协助幼儿完成部分动作。

（2）如果幼儿发现了更快捷的穿短袖方法，教养人可以鼓励幼儿用自己的方法穿短袖，不必拘泥于一种方法。

7 穿裤子

适宜月龄：36 月龄左右。

活动目标：锻炼幼儿的手脚配合能力和肢体灵活性，培养幼儿独立穿裤子的能力。

活动准备：松紧带裤子。

活动过程：（1）教养人将裤子平铺在床上，并向幼儿介绍裤子的正面、背面、裤腰、裤腿和裤脚，让幼儿对裤子有清晰的认识。

（2）教养人向幼儿示范穿裤子的动作：坐在凳子上，用双手握住裤腰，把裤子的背面朝向自己；用双手向两侧拉，撑开裤腰；左脚从左边的裤腿伸进去，再从左边的裤脚中伸出来；右脚从右边的裤腿伸进去，再从右边的裤脚中伸出来；站起来，双手抓着裤腰往上提，提至腰部，如图 5-20 所示。

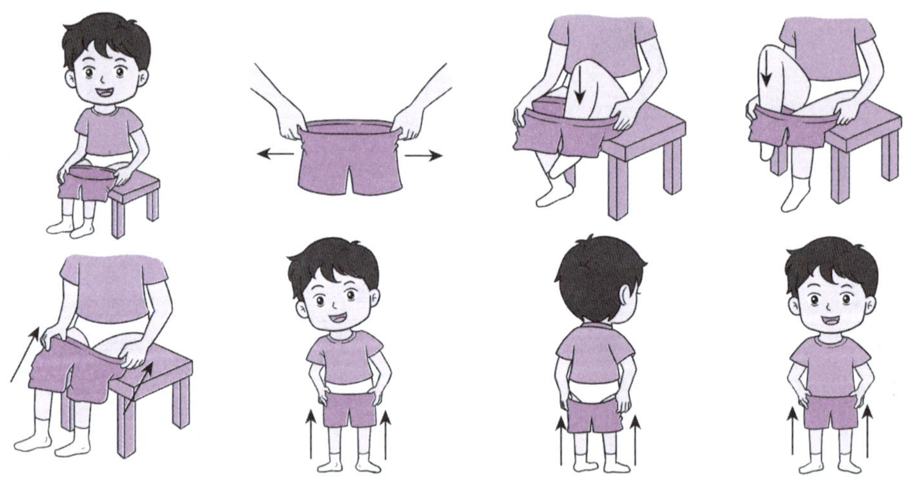

图 5-20 穿裤子的动作

（3）教养人给幼儿一条裤子，带领幼儿一起练习穿裤子。在此过程中，教养人要根据幼儿的实际情况适时给予指导和帮助。

（4）当幼儿掌握了穿裤子的技能后，教养人可以让幼儿独自练习穿裤子。

指导要点：当幼儿将两条腿伸进同一个裤腿里或将左、右两条裤腿穿反时，教养人需要提醒并协助幼儿将腿伸进正确的裤腿里。

（二）认知活动的设计与指导

针对 25～36 月龄幼儿开展认知活动的主要目的是培养幼儿思维能力，提高幼儿注意力和记忆力。适合 25～36 月龄幼儿开展的认知活动主要有配对训练活动和方位训练活动。教养人可以利用不同类型的图片、动物玩具等开展活动。需要注意的是，在活动过程中，教养人应该积极培养幼儿独立探索和思考的能力。下面列举了 2 个认知活动的设计方案和指导要点。

1 分类游戏

适宜月龄：25～36 月龄。

活动目标：促进幼儿思维能力的发展。

活动准备：日常用品、动物、水果 3 种类型的图片，3 个纸盒。

活动过程：（1）教养人将所有图片和纸盒摆放在桌子上，然后和幼儿并排坐在桌子前。

（2）教养人拿起一张水果图片让幼儿指认是什么水果。待幼儿正确指认出水果后，教养人将图片放进纸盒里，并询问幼儿：“宝宝，你找一找还有哪些图片上印的也是水果呢？”以此引导幼儿找出印有水果的图片，并放入同一个纸盒里。

（3）教养人按照上述方式，引导幼儿找出日常用品的图片和动物的图片，然后分别放进另外 2 个纸盒里。

指导要点：（1）如果幼儿不能正确分类，教养人需要对图片上的物品进行描述，引导幼儿进一步观察和寻找。

（2）在幼儿正确分类后，教养人可以引导幼儿说出每个物品的名称和特点。

2 捉迷藏

适宜月龄：25～36 月龄。

活动目标：引导幼儿理解和使用“上面”“下面”“里面”等简单的方位词。

活动准备：有多种家具的房间、若干个动物玩具。

活动过程：（1）教养人拿出动物玩具，并对幼儿说：“小朋友，我们和小动物玩捉迷藏吧！”

（2）教养人先将动物玩具藏在幼儿容易发现的地方，如衣柜里、沙发下面、书柜上等，然后让幼儿去找。当幼儿找到动物玩具以后，教养人指着玩具说：“你找到了哪个小动物？你是在哪里找到的？”以此引导幼儿用语言回答。

指导要点：（1）如果幼儿只会用手指点位置，或者用“这里”“那里”等词语表述时，教养人需要引导幼儿用“上面”“下面”“里面”等方位词进行表述。

（2）如果幼儿对“上面”“下面”“里面”这些方位词掌握得比较好，教养人可以适当增加其他方位词，如“外面”“前面”“后面”等，并引导幼儿理解其含义。

（三）语言活动的设计与指导

针对 25～36 月龄幼儿开展语言活动的主要目的是提高幼儿对词汇的理解能力、用规范的语句表达的能力，以及培养幼儿的语用技能（即在不同的环境中按照用语规则得体、有效地使用语言）。在日常生活中，教养人需要经常与幼儿进行对话，让幼儿学会用规范的语言表达自己的想法。适合 25～36 月龄幼儿开展的语言活动有阅读训练活动、语言表达训练活动等。需要注意的是，在活动过程中，当幼儿表达不准确时，教养人需要用正确的语句向幼儿表述并让幼儿复述。下面列举了 3 个语言活动的设计方案和指导要点。

1 动物过冬

适宜月龄：25～36 月龄。

活动目标：训练幼儿的语言表达能力。

活动准备：一本《小动物过冬》的故事书。

活动过程：（1）教养人拿出故事书，向幼儿讲述书中的故事：初冬清晨，小猫出门去找小伙伴玩。它遇到了燕子，想和小燕子一起玩。小燕子说：“不行呀，冬天到了，我要去南方过冬了。”小猫难过地走开了。它继续向前走，不久又遇到了青蛙，它想和青蛙一起玩。青蛙说：“不行呀，冬天到了，我要找一片泥地钻进去睡大觉。”小猫又难过地走开了。

（2）教养人询问幼儿：“小燕子去哪里过冬了？青蛙去哪里睡觉了？”并引导幼儿回忆故事中的细节，然后回答问题。

（3）教养人鼓励幼儿复述这个故事。

指导要点：（1）教养人要边讲边引导幼儿记忆故事情节，如每讲到一个小动物，教养人就可以用提问的方式帮助幼儿理解并记忆故事情节。

（2）教养人要引导幼儿用规范的句子、正确的逻辑复述故事。

2 指指认认

适宜月龄：30～36 月龄。

活动目标：引导幼儿掌握生活中常见物品的名称；培养幼儿用正确的语句进行表达的能力。

活动准备：动物、植物、食物、衣物、家具、交通工具等图片 20 张。

活动过程：（1）教养人随机抽出一张图片，引导幼儿说出图片上物品的名称，并用一句话描述该物品。例如，这是毛巾，毛巾可以擦手。

（2）教养人发出指令，让幼儿找出相应的图片。例如，教养人说："我肚子饿啦，给我找一些食物吃吧！"以此引导幼儿找出带食物的图片，然后说出食物的名称，并分别用一句话描述每种食物。

指导要点：（1）教养人要引导幼儿用规范的语句说话。例如，当幼儿说"汽车，嘀嘀嘀"时，教养人要引导幼儿说"按汽车的喇叭，能发出嘀嘀嘀的声音"。

（2）如果幼儿无法描述图片上的物品，教养人可以通过介绍物品的特点、作用等方式启发幼儿。如果幼儿依旧不会描述，教养人可以说出一句描述物品的话，再让幼儿复述。

3 自我介绍

适宜月龄：36 月龄左右。

活动目标：让幼儿学会介绍自己的名字、年龄和爱好。

活动准备：一个小白兔毛绒玩具、若干彩笔和卡纸。

活动过程：（1）教养人拿出小白兔毛绒玩具，并以小白兔的口吻进行自我介绍："大家好，我叫小白兔，今年 3 岁啦，我喜欢交朋友。"

（2）教养人将小白兔面向幼儿，并询问幼儿："你好呀！我可以和你做朋友吗？你能告诉我你的名字吗？你今年几岁啦？你喜欢什么呢？"以此引导幼儿向小白兔介绍自己的名字、年龄和爱好。

（3）教养人鼓励幼儿向家人分享自己认识了多少新朋友，这些新朋友分别叫什么名字、几岁了、喜欢什么。

指导要点：（1）如果幼儿不能连续回答教养人的提问，教养人可以一个问题一个问题地提问，让幼儿一一回答。

（2）对于羞涩的幼儿，教养人需要耐心地引导和鼓励，让他们慢慢放松后再介绍自己。

3 岁的晨晨性格相对内向、腼腆，在其他小朋友面前不善于表达自己，不爱说话。对于晨晨的这一情况，妈妈有些焦虑，她向早教机构的李老师请教如何提高孩子的语言表达能力。李老师给出了以下几个方面的建议。

（1）利用生活中与晨晨交往的机会，主动和他交流，如在穿衣、吃饭、玩耍时积极地与他交流正在做的事情。

（2）与晨晨交流时要有耐心，让他感受到别人想与自己交流。

（3）和晨晨玩一些有趣的听说游戏，以此来激发晨晨的表达欲望，锻炼其口语表达能力，如儿歌接说游戏。

（4）有意识地为晨晨创造与同伴玩耍的机会，让他在与同伴一起玩耍的过程中逐渐会说、爱说。

思考：如果晨晨妈妈向你求助，你还会给她哪些建议？说出你的理由。

（四）情绪情感与社会性活动的设计与指导

针对 25～36 月龄幼儿开展情绪情感与社会性活动的主要目的是培养幼儿的情绪情感调节能力，理解不同的社会角色。适合 25～36 月龄幼儿开展的情绪情感与社会性活动主要有移情训练活动、角色扮演活动等。需要注意的是，在活动过程中，教养人需要适时引导和帮助幼儿。下面列举了 2 个情绪情感与社会性活动的设计方案和指导要点。

1 向小兔子学习

- 适宜月龄：36 月龄左右。
- 活动目标：培养幼儿的情绪情感调节能力。
- 活动准备：小兔子上学的故事。
- 活动过程：（1）教养人给幼儿讲述小兔子上学的故事：“早晨醒来，小兔子在妈妈的带领下背着书包去上学了。来到校门口，小兔子望着妈妈离开的背影非常难过，但他想到妈妈会在中午吃饭时来接他，便高兴地转身走进学校，和其他小朋友一起踢球去了。”

  （2）故事讲完后，教养人询问幼儿：“小朋友们，小兔子遇到了什么伤心事？它是怎么做的？”以此引导幼儿体会小兔子的情绪，学习小兔子应对不良情绪的方法。

指导要点：（1）教养人需要创设一些情景，让幼儿在情景中练习如何调节情绪情感。

（2）在活动过程中，教养人要引导幼儿说出自己调节情绪情感的方法。

2 去餐厅吃饭

适宜月龄： 36 月龄左右。

活动目标： 帮助幼儿理解餐厅中不同角色的职责，使幼儿明确不同角色应产生的行为。

活动准备： 自制菜单、笔、本、厨师帽、围裙、厨房仿真玩具（见图 5-21）等。

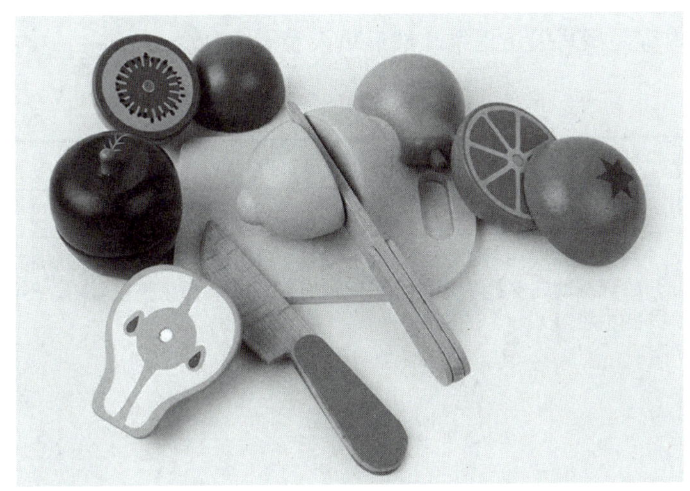

图 5-21 厨房仿真玩具

活动过程：（1）早教老师组织幼儿开展餐厅主题的角色扮演游戏。早教老师让幼儿根据自己的喜好选择人物角色，如服务员、厨师、顾客等。

（2）待幼儿选好角色后，早教老师引导幼儿开展游戏。在此过程中，早教老师要根据幼儿的表现，适时地给予提醒，如提醒扮演顾客的幼儿进入餐厅后该如何做，提醒扮演服务员的幼儿该如何为顾客点餐，提醒扮演厨师的幼儿该如何使用刀具、如何烹饪食物，等等。

（3）一轮游戏结束后，早教老师可以让幼儿互换角色，再次进行游戏。

指导要点：（1）在活动过程中，如果幼儿因对自己所扮演的角色理解不全面而无法继续游戏时，早教老师可以主动参与到游戏中，以帮助幼儿丰富游戏情节，使幼儿不断想象和增加角色的行为。

（2）在活动过程中，幼儿可能出现忘记自己所扮演的角色或无法把不同的角色联系起来的情况，对此，早教老师要及时提醒幼儿。

家庭采访活动

3 岁前是培养幼儿生活自理能力的关键期。抓住这一关键期，对幼儿的性格塑造、良好习惯的养成都大有裨益，同时也为之后步入幼儿园打下良好的基础。请全班同学以小组为单位，以“生活小能手，自理我最棒”为主题，按照以下步骤及要求开展家庭采访活动。

（1）将全班同学分成若干小组，每组 4～5 人，并选出一名组长。各组根据活动主题，讨论并确定采访内容，撰写采访提纲，然后填入表 5-3 中。

表 5-3　小组讨论的内容及采访提纲表

<table>
<tr><td>组长</td><td></td><td>组员</td><td></td></tr>
<tr><td>讨论的内容</td><td colspan="3">采访提纲</td></tr>
<tr><td>幼儿自主穿脱衣服的能力</td><td colspan="3">（如幼儿现在是否会独自穿脱衣服、幼儿是何时能独自穿脱衣服的、家长是何时开始训练幼儿穿脱衣服的、家长是如何训练幼儿穿脱衣服的、在训练过程中遇到了哪些困难等）</td></tr>
<tr><td>幼儿自主如厕的能力</td><td colspan="3"></td></tr>
<tr><td>幼儿自主饮食的能力</td><td colspan="3"></td></tr>
<tr><td>其他自理能力</td><td colspan="3"></td></tr>
</table>

（2）各组讨论并确定采访对象，然后与采访对象联系，确定采访的时间、地点（最好是幼儿家里），告知其采访的主题。

（3）各组成员提前模拟采访过程，预设采访过程中可能出现的问题，并对相关问题进行调整，以确保后期采访活动顺利进行。

（4）各组按照约定的时间开展采访活动。采访时，各组成员要分工合作（如 1 人做采访，1～2 人做记录，1 人拍摄照片和视频）。需要注意的是，在拍摄照片和视频前，应征得采访对象的同意。

（5）采访结束后，各组整理采访记录、拍摄的资料，详细列出每位幼儿的生活自理情况、家长的训练方法、在自理能力培养方面家长遇到的难题等。

（6）各组成员根据自理能力不足的幼儿的实际情况，有针对性地为其设计相应的自理能力训练方案，并拍摄成短视频，反馈给家长。视频要满足以下要求：① 包含训练目标、训练过程、指导建议等内容；② 一边口述一边示范具体的操作方法（可借助仿真婴儿模型，也可由真人扮演，还可以制作动画）；③ 视频需要配有清晰的字幕；④ 视频总时长控制在 15 分钟以内。

（7）各组将训练方案发给家长，请家长按照训练方案对幼儿进行训练（至少一周）。各组按期回访，请家长反馈训练的情况，并对幼儿的训练成果进行测评。各组根据实际情况进行回访总结。

（8）各组采取自评、小组互评和教师评价相结合的方式，对活动的实施情况进行评价，并填写表 5-4。

表 5-4　活动实施评价表

评价标准	分值	评价得分		
		自评	互评	师评
具有较强的团队合作意识，遇到问题能够与小组成员进行探讨，并提出解决方案	10			
在小组讨论中能够积极发言，且发言的内容有参考价值和可行性	20			
采访时能准确、恰当地进行提问，能很好地引导采访对象回答问题；采访记录的内容真实、全面、详细	20			
采访结束后，能对相关资料进行分析整理，并能根据实际情况为幼儿设计自理能力训练方案	20			
制作的视频画面清晰、连贯流畅，时长符合要求；演示者操作规范、动作熟练，步骤讲解清楚，语言流利	20			
设计的训练方案得到了家长较好的反馈，幼儿在训练后提升了相应的自理能力	10			

筑梦灯塔

孩子眼中会魔法的青青老师

在妈妈们的心中，早教老师是神奇的“魔术师”。无论多么淘气的孩子，到早教老师身边就会变得听话起来。即使是内向的孩子，与早教老师相处后，也会变得愿意表现自己。从某种意义上来说，早教老师就是婴幼儿成长阶段的见证者和塑造者。

青青是一名有两年工作经验的早教老师。从第一次上课的惴惴不安到如今的游刃有余，从第一次上课的手足无措到如今的百变玲珑，寒来暑往，四季更替，如今的青青在早教课堂上没有一丝一毫的胆怯。在孩子们眼中，青青老师随身携带的小箱子就像机器猫的魔法口袋，里面总能掏出吸引人的教具，让每堂早教课充满惊喜。

在开启早教生涯之前，青青参加了为期半年的专业培训，培训分为线上培训与线下实操两个部分，培训内容涵盖了课程设计、教学方法、儿童心理等多方面的知识。经过这次培训，青青意识到要想成为一名优秀的早教老师，不仅要做好课前准备和课后总结，还要注重课堂是否有吸引力、教学主题是否明确、教学开展是否有效、教学行为是否适合孩子等。培训结束后，青青以优异的成绩顺利地通过了考核。

在早教课堂上，青青通常会蹲下身子或采用单膝跪地的姿势与小朋友交流互动。她表示，这样做是为了让小朋友感受到自己是被尊重的，是和老师平等的。同时，青青也非常注重与家长的沟通，她会帮助家长解决育儿方面的疑惑，向家长分享科学的早教观念和系统的早教知识。

两年的早教生涯让青青快速成长为一个有想法、有创造力的早教老师。她希望未来能够继续为早教事业贡献力量，逐步成长为能够承担更多责任与担当的早教工作者。她的教学理念和目标非常明确——致力于教学工作，专注聆听孩子和家长的声音，将自己的知识和经验毫无保留地传授给更多有需要的家庭；用热诚的爱点燃早教事业的每一个角落。

（资料来源：佚名，《Hi・Baby 人物：孩子眼中会魔法的青青老师》，
安徽网，2022 年 11 月 20 日）

项目综合训练

一、选择题

1．下列选项中，不适合 19～24 月龄幼儿开展的活动是（　　）。

A．跨越障碍物　　B．你追我赶

C．穿毛毛虫　　D．金鸡独立

2．下列选项中，不适合 25～30 月龄幼儿开展的活动是（　　）。

A．脱短袖　　　　B．脱裤子

C．穿短袖　　　　D．解扣子

3．幼儿在多功能攀爬架上的攀爬活动，有利于（　　）。

A．促进幼儿认知能力的发展

B．促进幼儿精细动作的发展

C．增强幼儿的社会交往能力

D．锻炼幼儿的手臂和腿部的肌肉力量

4．下列选项中，关于 19～24 月龄幼儿认知发展的描述不正确的是（　　）。

A．能够分清“上”与“下”、“里”与“外”等方位

B．能够识别长方形、椭圆形、半圆形等形状

C．开始出现延迟模仿的行为

D．可以理解一些抽象的概念，如快和慢、远和近、多和少等

5．下列选项中，关于 25～36 月龄幼儿情绪情感与社会性发展的描述不正确的是（　　）。

A．在与同伴一起玩耍时，幼儿会出现互补和互惠行为

B．会用语言表达自己的情绪情感，但还不能调节自己的不良情绪

C．开始懂得“我想做”和“我应该做”的区别，做错事后会脸红，感到羞愧

D．自我意识迅速发展，开始进入心理上的“第一反抗期”

二、判断题

1．19～24 月龄幼儿的记忆受环境的影响，通常看到什么就记忆什么，但对记忆的事物并不理解。（　　）

2．19～24 月龄的幼儿能够认识一些基本颜色，如红色、黄色、蓝色、绿色等，但还无法准确地说出它们的名称。（　　）

3．跳是 19～24 月龄幼儿重点发展的一项粗大动作技能。幼儿在 19 月龄时会立定跳远，在 24 月龄时能双脚交替跳。（　　）

4．25～36 月龄幼儿的语言发展水平处于双词句阶段，能有意识地说出 3～5 个字的句子。（　　）

5．36 月龄左右，幼儿的一些高级情感开始萌芽，如道德感、美感、理智感等。（　　）

三、简答题

1. 简述 19～24 月龄幼儿的记忆发展特点。

2. 简述 25～36 月龄幼儿的感知觉发展特点。

3. 简述 25～36 月龄幼儿的思维发展特点。

参考文献

［1］张红．0～3 岁婴幼儿教育活动设计与指导［M］．上海：华东师范大学出版社，2020．

［2］王丽娜．婴幼儿早期教育活动设计与指导［M］．上海：复旦大学出版社有限公司，2020．

［3］胡红梅，王书．0～3 岁婴幼儿早期教育活动设计与指导［M］．重庆：西南师范大学出版社，2021．

［4］史月杰，张莉．婴幼儿游戏活动实施［M］．北京：中国人口出版社，2022．

［5］吴俊端，陈启新．婴幼儿心理发展［M］．北京：中国人口出版社，2022．

［6］刘婷．0～3 岁婴幼儿心理发展与教育［M］．上海：华东师范大学出版社，2021．

［7］于冬青．婴幼儿亲子活动指导［M］．重庆：西南师范大学出版社，2021．

［8］金晓梅．婴幼儿游戏与玩具［M］．重庆：西南师范大学出版社，2021．

［9］曹桂莲．0～3 岁婴幼儿亲子活动设计与指导［M］．上海：复旦大学出版社，2014．

［10］李晓玫．1～36 个月婴幼儿亲子活动教师指导手册［M］．大连：辽宁师范大学出版社，2018．

［11］王明晖，刘凌，杨梅．婴幼儿亲子教育活动设计与案例精选［M］．上海：复旦大学出版社，2017．

［12］覃志刚，唐广勇，彭文军．幼儿游戏创编与指导［M］．湖南：湖南大学出版社，2019．